미국 Barron's Educational Series사의
최신 영어 발음 트레이닝 북

BARRON'S

2ND
EDITION
한국어판

MAA
MASTERING THE AMERICAN ACCENT

리사 모이슨 저
배미한 역

www.cyber.co.kr

MASTERING THE AMERICAN ACCENT 한국어판

미국식 영어발음의 기초부터 완성까지

2009. 10. 12. 초   판 1쇄 발행
2013. 12. 27. 초   판 3쇄 발행
2017. 6. 9. 개정증보 1판 1쇄 발행

지은이 | 리사 모이슨
옮긴이 | 배미한
펴낸이 | 이종춘
펴낸곳 | BM 주식회사 성안당
주소 | 04032 서울시 마포구 양화로 127 첨단빌딩 5층(출판기획 R&D 센터)
       | 10881 경기도 파주시 문발로 112 출판문화정보산업단지(제작 및 물류)
전화 | 02) 3142-0036
       | 031) 950-6300
팩스 | 031) 955-0510
등록 | 1973. 2. 1. 제406-2005-000046호
출판사 홈페이지 | www.cyber.co.kr
ISBN | 978-89-315-8110-2 (03740)
정가 | 19,800원

이 책을 만든 사람들
책임 | 최옥현
진행 | 박조환
교정·교열 | 박조환
본문·표지 디자인 | 강성용
홍보 | 박연주
국제부 | 이선민, 조혜란, 김해영, 고운채, 김필호
마케팅 | 구본철, 차정욱, 나진호, 이동후, 강호묵
제작 | 김유석

Acknowledgment

전세계에서 미국으로 건너와 저에게 미국식 표준 영어발음을 배우는 학생들에게 이 책을 바칩니다. 남보다 뛰어나려는 적극성, 배움에 대한 열정, 놀라울 정도의 성실함, 그리고 아메리칸 드림에 대한 확신, 그분들의 그러한 모습을 보고 저는 이 책을 쓰게 되었습니다. 헨리 데이비드 소로는 이런 이야기를 했습니다. "Go confidently in the direction of your dreams. Live the life you have imagined."(당신이 꿈꾸는 방향으로 자신있게 나아가라. 당신이 꿈꾸어온 인생을 살아라.)

도움을 주신 Barrons' 출판사의 전문가 여러분에게 감사 드립니다. 최신판 편집자 Marcy Rosenbaum 씨, 초판 편집자 Dimitry Popow 씨, 제가 이 책을 쓸 수 있도록 해주신 Wayne Barr 씨, 그리고 여러모로 도움을 주신 Veronica Douglas 씨께 감사 드립니다.

녹음을 담당해 주신 Lou Savage 씨께도 깊은 감사를 드립니다. 그분은 멋진 남성 목소리로 녹음을 해주셨습니다. 뿐만 아니라 전문적인 오디오 기술과 편집에 대한 전체 책임을 맡아 진행해 주셨습니다. Lou, 저한테는 하나도 들리지 않았던 실수들을 그토록 완벽하게 잡아내 주셔서 고맙습니다.

저는 또 이 책을 위해 애써주신 Maryam Meghan 씨, Jack Cumming 씨, Katarina Matolek 씨, Mauricio Sanchez 씨, Sabrina Stoll 씨, Sonya Khan 씨, Jennie Lo 씨, Yvette Basica 씨, Marc Basica 씨, 그리고 Laura Tien 씨께도 감사를 드립니다.

Contents

Chapter **03**　　**자음**

Chapter **04**　　**까다로운 자음**

Chapter 05　음절 강세

Chapter 06　단어 강세

Chapter **07** **억양**

Introduction

이 책은 영어가 모국어가 아닌 분들이 미국 영어 악센트(American Accent)로 말하는 것을 배울 수 있도록 도와줄 것입니다.

어떤 미국 악센트를 배우게 됩니까?

이 책을 통해 여러분은 Standard American Accent(미국 표준 악센트)를 배우게 됩니다. 혹자는 "Broadcaster English(방송 진행자가 쓰는 영어)"라고도 하지요. 여러분이 CNN에서 듣는 표준적이고 중립적인 말씨, 즉 특정 지역에 치우치지 않는 말투를 배우게 된다고 이해하시면 되겠습니다. 미국의 어떤 특정 지역에서 통용되는 악센트를 배우는 것이 아니라는 것입니다.

어떻게 연습해야 할까요?

녹음된 내용을 반복해서 들으십시오. 녹음된 단어와 문장을 들은 뒤 여러분이 화자의 말을 따라할 수 있도록 중지 시간이 있습니다. 여러분의 발음과 녹음된 소리를 비교할 수 있도록 여러분 자신의 목소리를 녹음할 수 있습니다.

여러분이 이 새로운 말투를 실생활에 적용할 준비가 되기 전에 여러분은 새로운 소리를 스스로 연습할 어느 정도의 시간을 보낼 필요가 있을 겁니다. 한 가지 방법으로 여러분이 큰 소리로 읽으려고 하는 글을 선택하는 것입니다. 그것을 읽기 전에 여러분이 이 책에서 배운 새로운 소리에 강조 표시나 밑줄을 그으십시오. 그리고 그 글을 천천히, 그리고 주의하여 읽으십시오. 여러분의 목소리가 처음에는 과장되거나 이상하게 들리는 것에 개의치 마십시오. 여러분이 같은 글을 반복해서 읽으면, 여러분은 여러분의 말이 더욱 더 자연스럽게 들리기 시작하며, 여러분은 더욱 더 빨리 말할 수 있을 겁니다. 한 번에 몇 가지 소리에만 초점을 두고, 여러분이 준비가 되었다고 느끼면 같은 글에서 추가로 다른 소리를 연습하기만 하십시오.

그 다음에 아무도 듣지 않을 때 여러분 스스로에게 천천히, 그리고 주의를 기울여 영어로 말하십시오. 여러분은 말한 것이 올바르게 소리 날 때까지 여러 번 반복할 필요가 있습니다. 이렇게 하는 것이 발음을 빨리 향상시키는 훌륭한 연습 기술입니다.

그리고 마지막으로 이 새롭게 말하는 방법을 사회적 상황에 적용하십시오. 실수하는 것을 두려워하지 마십시오. 이것은 자연스러운 학습 과정입니다. 여러분이 어떻게 말할지에 주의를 기울이면, 여러분은 점진적으로 오래된 습관을 버리고 점점 더 적은 실수를 하게 됩니다.

이러한 과정에 인내심을 가지고 여러분이 계속해서 노력하고 포기하지 않는다면 여러분은 성공할 거라는 것을 기억하십시오.

자, 이제 시작해봅시다.

Chapter

01

THE VOWEL
SOUNDS

모음 소리

THE VOWEL SOUNDS

모음 소리

영어 알파벳의 모음은 **a, e, i, o, u** 이렇게 5개입니다. 그러나 이것들이 내는 소리는 15가지나 됩니다. 바로 이러한 점이 미국 영어를 배우는 사람들한테 가장 어렵습니다. 미국 영어에 비해 모음 소리의 수가 더 적은 언어권의 사람들은 영어를 말할 때도 자신의 모국어에 있는 소리만으로 발음하려는 경향이 큽니다. 그런 경우에는 영어의 어떤 특정한 소리들의 차이를 알아채지 못하는 경우도 가끔 있습니다. 그래서 원어민이 아닌 사람들은 "**hill**"과 "**heal**"을 똑같이 발음할 수 있습니다. 이처럼 원어민이 아닌 사람이 말하는 **sell**과 **sale,** 또는 **cup, cop, cap**도 또한 똑같이 소리 날 수 있습니다. 이 장에서는 미국 영어의 주요 모음 소리를 어떻게 정확하게 발음하는가를 배우게 될 것입니다. 먼저, 각 모음을 간단히 소개하고, 각각의 발음을 상세하게 공부할 것입니다. 이때 입술과 혀의 정확한 위치를 배우고, 단어와 문장에서 그 발음을 연습할 기회가 있습니다. 또한 소리의 대조를 연습함으로써 이전에 같은 발음으로 들렸던 다른 모음들의 분명한 차이를 익히게 됩니다.

영어에서는 단어의 철자와 발음 간에 반드시 직접적인 상관관계가 없기 때문에, 여러분들은 배우고 있는 소리의 발음기호를 익혀야 합니다. 발음기호와 발음에 익숙해지면, 어떻게 발음해야 할지 모르겠다 싶은 모음이 들어있는 단어를 보았을 때 사전을 찾아서 발음을 확인할 수 있을 것입니다. 여러분이 가지고 있는 사전에 나오는 음성 기호가 이 책에서 사용하고 있는 것과 약간 차이가 있을 수 있습니다. 그러므로 여러분이 가지고 있는 사전의 발음기호에도 익숙해져야 합니다.

Production of Vowels

모음의 발성

모음은 발음될 때 혀가 어디에 오느냐에 따라 전설모음(**front vowel**), 중설모음(**middle vowel**), 후설모음(**back vowel**)으로 구분됩니다. 예를 들어, /i/소리를 낼 때는 혀의 앞부분이 입안의 앞쪽으로 가게 되므로 전설모음입니다. /u/소리를 낼 때는 혀의 뒷부분이 입속의 뒤쪽으로 올라가기 때문에 후설모음이라고 합니다. 모음은 또 고모음(**high vowel**)과 저모음(**low vowel**)으로 나뉘기도 합니다. 고모음에서는 /i/를 발음할 때처럼 혀가 입천장(구개) 근처까지 높게 올라가며, 저모음에서는 /æ/를 발음할 때와 같이 혀가 입의 바닥에 낮게 깔리게 됩니다.

이중모음(**diphthong**)은 두 개의 모음으로 이루어진 것으로, 아주 긴밀하게 연결되어 있어서 하나의 모음으로 취급합니다. 이중모음은 두 개의 발음기호로 표시됩니다. 이중모음 소리를 내려면 혀를 부드럽게 움직여서 두 개의 모음을 이어서 내주어야 합니다. 다음과 같은 모음들이 이중모음입니다. **take**의 /ei/, **boat**의 /ou/,

time의 /ai/, house의 /au/, boy의 /ɔɪ/.
여러분들은 이제 각각의 모음을 정확히 발음하는 방법을 배우게 될 것입니다. 아래의 그림을 참조하면 다양한
모음 소리를 내는 혀와 입술의 정확한 위치를 더 쉽게 이해할 수 있을 것입니다.

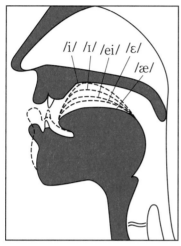

front
/i/   meet
/ɪ/   sit
/ei/   take
/ɛ/   get
/æ/   fat

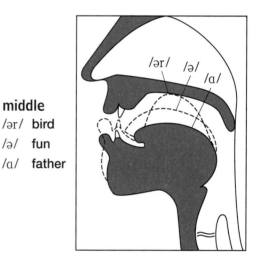

middle
/ər/   bird
/ə/   fun
/ɑ/   father

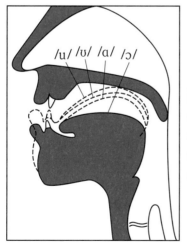

back
/u/   too
/ʊ/   good
/ɑ/   father
/ɔ/   saw

Main Vowel Sounds of American English

미국 영어의 주요 모음

1. /i/	r<u>ea</u>d, h<u>ea</u>t, m<u>ee</u>t, s<u>ea</u>t, s<u>ee</u>n, f<u>ee</u>t	Please <u>ea</u>t the m<u>ea</u>t and the ch<u>ee</u>se before you l<u>ea</u>ve. 떠나기 전에 고기와 치즈를 좀 드세요.
2. /ɪ/	<u>i</u>n, b<u>i</u>t, th<u>i</u>s, g<u>i</u>ve, s<u>i</u>ster, w<u>i</u>ll, c<u>i</u>ty	My s<u>i</u>ster L<u>i</u>nda w<u>i</u>ll l<u>i</u>ve <u>i</u>n the b<u>i</u>g c<u>i</u>ty. 내 여동생 린다는 대도시에서 살 것이다.
3. /ei/	l<u>a</u>te, g<u>a</u>te, b<u>ai</u>t, f<u>ai</u>l, m<u>ai</u>n, br<u>ai</u>d, w<u>ai</u>t	J<u>a</u>ne's f<u>a</u>ce looks gr<u>ea</u>t for her <u>a</u>ge of <u>ei</u>ghty-<u>ei</u>ght. 제인의 얼굴은 88세라는 그녀의 나이에 비해 좋아 보인다.
4. /ɛ/	l<u>e</u>t, g<u>e</u>t, <u>e</u>nd, <u>a</u>ny, f<u>e</u>ll, br<u>ea</u>d, m<u>e</u>n, s<u>ai</u>d	I w<u>e</u>nt to T<u>e</u>xas for my fr<u>ie</u>nd's w<u>e</u>dding. 나는 내 친구 결혼식 때문에 텍사스에 갔다.
5. /æ/	l<u>a</u>st, <u>a</u>pple, <u>a</u>dd, c<u>a</u>n, <u>a</u>nswer, cl<u>a</u>ss	The h<u>a</u>ndsome m<u>a</u>n lost his b<u>a</u>ggage <u>a</u>fter his tr<u>a</u>vels. 그 잘생긴 남자는 여행하고 나서 짐을 잃어버렸다.
6. /ɑ/	st<u>o</u>p, l<u>o</u>ck, f<u>a</u>rm, w<u>a</u>nt, <u>a</u>rmy, p<u>o</u>ssible, g<u>o</u>t	J<u>o</u>hn is p<u>o</u>sitive that his c<u>a</u>r was p<u>a</u>rked in that l<u>o</u>t. 존은 자신의 차가 그 주차장에 주차되었다고 확신한다.
7. /ə/	c<u>o</u>me, <u>u</u>p, j<u>u</u>mp, b<u>u</u>t, d<u>o</u>es, l<u>o</u>ve, m<u>o</u>ney, <u>a</u>bout	Your y<u>o</u>unger br<u>o</u>ther d<u>o</u>esn't tr<u>u</u>st <u>u</u>s, d<u>o</u>es he? 너의 남동생은 우리를 믿지 않아, 그렇지?
8. /ɔ/	<u>a</u>ll, f<u>a</u>ll, <u>au</u>thor, <u>a</u>lso, appl<u>au</u>d, th<u>ou</u>ght, f<u>ou</u>ght	P<u>au</u>la was doing l<u>au</u>ndry <u>a</u>ll day l<u>o</u>ng. 폴라는 하루 종일 세탁을 하고 있었다.
9. /oʊ/	g<u>o</u>, sl<u>ow</u>, s<u>o</u>, th<u>o</u>se, p<u>o</u>st, m<u>o</u>ment, dr<u>o</u>ve	<u>O</u>h, n<u>o</u>! D<u>o</u>n't <u>o</u>pen the wind<u>ow</u>, it's c<u>o</u>ld. 아, 안 돼! 창문 열지 마, 추워.
10. /ʊ/	l<u>oo</u>k, t<u>oo</u>k, p<u>u</u>t, f<u>oo</u>t, f<u>u</u>ll, w<u>o</u>lf, c<u>oo</u>kie	He w<u>ou</u>ld read the g<u>oo</u>d b<u>oo</u>k if he c<u>ou</u>ld. 그는 할 수 있다면 좋은 책을 읽을 텐데.
11. /u/	c<u>oo</u>l, s<u>ou</u>p, m<u>oo</u>n, b<u>oo</u>t, t<u>oo</u>th, m<u>o</u>ve, tr<u>ue</u>	S<u>ue</u> kn<u>ew</u> about the f<u>oo</u>d in the r<u>oo</u>m. 수는 방 안에 있는 음식에 대해 알고 있었다.
12. /ər/	h<u>er</u>, w<u>or</u>k, s<u>ure</u>, f<u>ir</u>st, <u>ear</u>ly, w<u>ere</u>, <u>ear</u>n, occ<u>ur</u>	What w<u>ere</u> the f<u>ir</u>st w<u>or</u>ds that g<u>ir</u>l l<u>ear</u>ned? 저 여자아이가 처음으로 배운 말은 무엇이었나요?

13. /aɪ/	time, nine, dry, high, style, five, China	I advise you to ride a bicycle in China. 제가 당신께 중국에서 자전거를 타라고 조언해 드리지요.
14. /aʊ/	south, house, cow, found, down, town	He went out of the house for about an hour. 그는 한 시간 가량 집을 나가 있었다.
15. /ɔɪ/	oil, choice, moist, enjoy, avoid, voice	Let's avoid the annoying noise. 신경 쓰이는 소음을 내지 맙시다.

1. /i/ AS IN *MEET*

meet의 /i/소리: 우리나라 사전에서는 장음 [i:]로 표시되는 발음이다.

A thief believes everybody steals.
도둑은 모든 사람이 도둑질을 한다고 믿는다.

E·W· Howe

Lips: Slightly smiling, tense, not rounded.
Tongue: Tense, high and far forward near the roof of the mouth.

입술은 약간 밝게 미소짓는 기분으로 긴장을 주지만 동그랗지는 않게 합니다. 혀는 긴장을 주고, 거의 입천장까지 높이 올립니다. /i/소리가 나는 철자 유형은 다음과 같습니다.

Common Spelling Patterns for /i/

1. ee	meet, feel, see, free
2. ea	team, reach, mean, sea
3. ie와 ei	belief, piece, neither, receive
4. 마지막에 오는 e	me, we, she, he
5. e + 자음 + e	these, Chinese, Peter
6. 마지막에 오는 y	city, duty, country, ability
7. -ique로 끝날 때의 i	unique, boutique, critique

Word Pairs for Practice

다음 짝지어진 단어를 들으며 연습해 보세요.

1. d<u>ee</u>p s<u>ea</u> 깊은 바다
2. b<u>ea</u>ns and ch<u>ee</u>se 콩과 치즈
3. s<u>e</u>vere h<u>ea</u>t 심한 열기
4. br<u>ea</u>the d<u>ee</u>p 깊게 호흡하다
5. three m<u>ea</u>ls 세 번의 식사
6. gr<u>ee</u>n l<u>ea</u>ves 녹색의 이파리
7. extr<u>e</u>mely <u>ea</u>sy 아주 쉬운
8. sw<u>ee</u>t dreams 달콤한 꿈
9. p<u>ea</u>ches and cr<u>ea</u>m 복숭아와 크림
10. sp<u>ea</u>k Chin<u>e</u>se 중국어를 말하다

Practice Sentences

다음 문장을 들으며 연습해 보세요.

1. The employ<u>ee</u>s agr<u>ee</u>d to m<u>ee</u>t at eight fift<u>ee</u>n.
   직원들은 8시 15분에 만나기로 했다.

2. Don't k<u>ee</u>p the TV near the h<u>ea</u>ter.
   TV를 난로 가까이에 두지 마시오.

3. It's extr<u>e</u>mely <u>ea</u>sy to ch<u>ea</u>t when the t<u>ea</u>cher isn't here.
   선생님이 여기 없을 때, 부정행위하기는 아주 쉬운 일이다.

4. Pl<u>ea</u>se sp<u>ea</u>k to P<u>e</u>ter about the employ<u>ee</u> m<u>ee</u>ting.
   피터에게 직원 회의에 대해 말씀해 주세요.

5. St<u>e</u>ve will r<u>e</u>r<u>ea</u>d the <u>e</u>mail before h<u>e</u> l<u>ea</u>ves.
   스티브는 떠나기 전에 이메일을 다시 읽을 것이다.

2. /ɪ/ AS IN *SIT*

sit의 /ɪ/소리: 우리나라 사전에서는 단음 [i]로 표시되는 발음이다.

*I*n the mi*d*dle of a *diff*iculty lies opportun*it*y.
어려움의 한가운데 기회가 있다.

Albert Einstein

Lips: Slightly parted, relaxed.

Tongue: Relaxed, high, but not as high as for /i/. Sides of the tongue touch upper back teeth.

입술은 조금 벌리고 긴장이 풀린 상태입니다. 혀는 긴장이 풀린 상태로 높이 위치시키지만 /i/만큼은 아닙니다. 혀의 양 옆부분이 윗니의 뒷부분에 닿습니다. /ɪ/소리가 주로 나는 철자는 다음과 같습니다.

Common Spelling Patterns for /ɪ/

1. i(가장 흔함)   sit, give, this, dinner
2. ui   build, quit, quick, guilty
3. 두 자음 사이의 y   system, gym, symbol, hymn

I Exceptions I

been	미국 영어에서 **been**은 bin(/ɪ/)과 같이 발음하지만, 영국 영어에서는 **been**을 bean(/i/)과 같이 발음한다.
Women	**wimin**처럼 소리가 난다(o가 /ɪ/로 발음된다).
busy	**bizzy**처럼 소리가 난다.

Word Pairs for Practice

다음 짝지어진 단어를 들으며 연습해 보세요.

1. big city 대도시
2. innocent victim 무고한 희생자
3. drink milk 우유를 마시다
4. children's film 아이들 영화
5. simple living 단순한 삶
6. fish and chips 생선과 감자칩
7. trip to Italy 이탈리아로의 여행
8. spring picnic 봄 소풍
9. this thing 이것
10. winter wind 겨울 바람

Practice Sentences

다음 문장을 들으며 연습해 보세요.

1. Kim will visit her big sister Linda in Virginia.

킴은 버지니아에 있는 언니인 린다를 방문할 것이다.

2. In the beginning it was difficult for Jim to quit drinking.

   처음에 짐은 금주를 하는 것을 힘겨워했다.

3. The Smiths invited him to an informal dinner.

   스미스 가족은 그를 비공식적인 저녁식사에 초대했다.

4. This city has an interesting history.

   이 도시는 흥미로운 역사를 가지고 있다.

5. When did Bill Clinton visit the Middle East?

   빌 클린턴은 언제 중동을 방문했지요?

Quick Review
Word Contrasts for /i/ Versus /ɪ/

다음 단어를 들으며 /i/소리와 /ɪ/소리의 차이를 연습해 보세요. 각각의 쌍을 같은 소리로 발음하지 않도록 주의하세요.

	/i/	/ɪ/		/i/	/ɪ/
1.	leave	live	7.	beat	bit
2.	feel	fill	8.	steal	still
3.	least	list	9.	each	itch
4.	he's	his	10.	seek	sick
5.	sleep	slip	11.	feet	fit
6.	cheap	chip	12.	sheep	ship

Word Pairs for Practice

다음 짝지어진 단어를 들으며 연습해 보세요. 각각의 두 단어는 다른 모음으로 발음된다는 것을 명심하세요.

1. still sleepy 여전히 졸린
2. very interesting 아주 흥미로운
3. feeling ill 아픈
4. it's easy 그것은 쉽다
5. is he? 그야?
6. big deal 큰 거래
7. these things 이것들
8. Middle East 중동
9. little meal 간단한 식사
10. green pill 녹색 약

3. /eɪ/ AS IN *TAKE*

take의 /eɪ/소리

Take time for all things: great haste makes great waste.
모든 일에 여유를 가져라, 급히 서두르면 낭비도 크기 때문이다.

Benjamin Franklin

Lips: Not rounded, relaxed.
Tongue: Tense, moves from the mid-high to high position.

입술은 동그랗게 하지 않고, 긴장을 풉니다. 혀는 긴장하고, 입안의 중간 높이에서 높은 위치로 이동합니다. /eɪ/ 소리가 나는 철자 유형은 다음과 같습니다.

Common Spelling Patterns for /eɪ/

1. a + 자음 + e	late, came, take, save
2. ai	rain, wait, pain, aim
3. ay	say, away, play, Monday
4. ey	they, survey, obey
5. eigh	weigh, eight, neighbor, freight
6. a(덜 흔함)	April, alien, angel

Word Pairs for Practice

다음 짝지어진 단어를 들으며 연습해 보세요.

1. the same day 같은 날
2. stay away 떨어져 있다
3. escape from jail 감옥에서 탈출하다
4. take a break 휴식을 취하다
5. stay the same 똑 같은 상태로 있다
6. explain the situation 상황을 설명하다
7. play baseball 야구하다
8. eighty-eight 여든 여덟
9. bake a cake 케이크를 굽다
10. save the whales 고래를 구하다

Practice Sentences

다음 문장을 들으며 연습해 보세요.

1. She compl**ai**ned about her w**eigh**t but **a**te the c**a**ke anyw**ay**.

   그녀는 그녀의 몸무게에 대해 불평했지만, 어쨌든 그 케이크를 먹었다.

2. J**a**ke h**a**tes w**ai**ting for tr**ai**ns and pl**a**nes.

   제이크는 기차나 비행기를 기다리는 것을 싫어한다.

3. It r**ai**ns and h**ai**ls in **A**pril and M**ay**.

   4월과 5월에는 비가 오고 우박이 내린다.

4. I will st**ay** in the g**a**me even though it's l**a**te.

   늦었지만 나는 게임을 계속할 것이다.

5. My n**eigh**bor from Sp**ai**n moved aw**ay** tod**ay**.

   스페인에서 온 내 이웃은 오늘 이사갔다.

4. /ɛ/ AS IN *GET*

get의 /ɛ/소리 : 우리나라 사전에서는 단음의 [e]로 표시되는 발음이다.

*Every **e**xit is an **e**ntry somewh**e**re.*

모든 출구는 또 다른 곳으로 들어가는 입구이다.
Tom Stoppard

Lips: Farther apart than for /eɪ/ and relaxed.
Tongue: Relaxed, mid-high position.

입술은 /eɪ/를 발음할 때보다 더 크게 벌리고 긴장을 품니다. 혀는 긴장을 풀고, 입안에서 약간 높은 위치에 둡니다. /ɛ/소리가 주로 나는 철자는 다음과 같습니다.

Common Spelling Patterns for /ɛ/	
1. e	g**e**t, **e**nd, n**e**xt, g**e**neral
2. ea	h**ea**vy, h**ea**d, r**ea**d(과거형), m**ea**sure
I Exceptions I	
s**ai**d, s**ay**s, ag**ai**n, ag**ai**nst, **a**ny, m**a**ny	

Warning: Common Mistake

say 동사는 과거 형태인 **said**일 때, 그리고 3인칭 단수 동사로 쓰여서 **says**가 될 때 /ɛ/로 발음된다.

/eɪ/	/ɛ/
I s<u>ay</u>	I s<u>ai</u>d
	He s<u>ays</u>

Word Pairs for Practice

다음 짝지어진 단어를 들으며 연습해 보세요.

1. pr<u>e</u>sid<u>e</u>ntial el<u>e</u>ction 대통령 선거
2. b<u>e</u>nd your l<u>e</u>gs 네 다리를 굽혀라
3. pl<u>e</u>nty of <u>e</u>nergy 많은 에너지
4. rem<u>e</u>mber the pl<u>e</u>dge 서약을 기억하라
5. b<u>e</u>tter fri<u>e</u>nd 더 좋은 친구
6. h<u>ea</u>vy m<u>e</u>tal 중금속
7. g<u>e</u>t b<u>e</u>tter 더 나아지다
8. <u>e</u>legant dr<u>e</u>ss 우아한 드레스
9. n<u>e</u>xt W<u>e</u>dnesday 다음 주 수요일
10. w<u>e</u>ll r<u>e</u>ad 박식한

Practice Sentences

다음 문장을 들으며 연습해 보세요.

1. Without some <u>e</u>xtra <u>e</u>ffort you will n<u>e</u>ver exc<u>e</u>l.
   특별히 노력하지 않으면 넌 절대 뛰어날 수가 없어.

2. J<u>e</u>nny and her fri<u>e</u>nd had <u>e</u>ggs for br<u>ea</u>kfast.
   제니와 그녀의 친구는 아침으로 계란을 먹었다.

3. I exp<u>e</u>ct this s<u>e</u>ssion to <u>e</u>nd at t<u>e</u>n.
   나는 이번 수업은 10시에 끝나기를 바란다.

4. On the s<u>e</u>venth of F<u>e</u>bruary the w<u>ea</u>ther was w<u>e</u>t.
   2월 7일은 비가 내렸다.

5. I see my b<u>e</u>st fri<u>e</u>nd Fr<u>e</u>d <u>e</u>very s<u>e</u>ven days.
   나는 제일 친한 친구 프레드를 일주일에 한 번씩 본다.

Quick Review
Word Contrasts for /ɛ/ Versus /ei/

다음 단어를 들으며 /ɛ/소리와 /ei/소리의 차이를 연습해 보세요. 각각의 쌍을 같은 소리로 발음하지 않도록 주의하세요.

	/ɛ/	/ei/			/ɛ/	/ei/
1.	pen	pain		5.	tell	tail
2.	sell	sail		6.	Ed	aid
3.	wet	wait		7.	test	taste
4.	west	waste		8.	men	main

Word Pairs for Practice

다음 짝지어진 단어를 들으며 연습해 보세요. 각각의 단어는 다른 모음으로 발음된다는 것을 명심하세요.

1. less rain 더 적은 양의 비
2. taste test 미각 테스트
3. neck pain 목 통증
4. fell away 떨어져 나갔다

5. wet day 비오는 날
6. main men 주요 인물들
7. great dress 대단한 옷
8. headache 두통

5. /æ/ AS IN *FAT*

fat의 /æ/소리

He who laughs last laughs best.

마지막에 웃는 자가 진정으로 웃는 자다.

American proverb

Lips: Open, not rounded.

Tongue: Lowest of all the front vowels. Flat on the floor of the mouth.

입술은 벌린 상태로 동그랗지 않게 합니다. 혀는 전설모음(**front vowel**) 가운데 가장 낮은 위치로 입안 바닥에 낮게 깔리게 합니다. /æ/소리가 나는 가장 흔한 철자는 다음과 같습니다.

Common Spelling Patterns for /æ/

a	h<u>a</u>t, <u>a</u>pple, m<u>a</u>n, <u>a</u>nswer

Word Pairs for Practice

다음 짝지어진 단어를 들으며 연습해 보세요.

1. b<u>a</u>d ex<u>a</u>mple 나쁜 예
2. n<u>a</u>tional <u>a</u>nthem 국가(國歌)
3. b<u>a</u>ck at the r<u>a</u>nch 농장 뒤에서
4. <u>a</u>ccurate <u>a</u>nswer 정확한 대답
5. b<u>a</u>d h<u>a</u>bit 나쁜 버릇

6. pr<u>a</u>ctical pl<u>a</u>n 현실적인 계획
7. <u>a</u>nnual g<u>a</u>thering 연례 모임
8. l<u>a</u>st ch<u>a</u>nce 마지막 기회
9. h<u>a</u>ndsome <u>a</u>ctor 멋진 배우
10. <u>a</u>ngry m<u>a</u>n 화난 남자

Practice Sentences

다음 문장을 들으며 연습해 보세요.

1. This is your l<u>a</u>st ch<u>a</u>nce to give me an <u>a</u>ccurate <u>a</u>nswer.
   이번이 내게 정확한 답을 주는 너의 마지막 기회야.

2. S<u>a</u>m s<u>a</u>t at the b<u>a</u>ck of the m<u>a</u>th cl<u>a</u>ss.
   샘은 수학 교실 뒤쪽에 앉았다.

3. D<u>a</u>nny had a s<u>a</u>lad and a s<u>a</u>ndwich in the c<u>a</u>feteria.
   대니는 구내식당에서 샐러드와 샌드위치를 먹었다.

4. N<u>a</u>ncy has a b<u>a</u>d attitude in her Sp<u>a</u>nish class.
   낸시는 스페인어 수업 시간에 태도가 좋지 않다.

5. K<u>a</u>thy would r<u>a</u>ther study <u>a</u>cting at the n<u>a</u>tional ac<u>a</u>demy.
   캐시는 국립 아카데미에서 연극을 공부하는 게 낫겠다.

Quick Review
Word Contrasts for /ɛ/ Versus /æ/

다음 단어를 들으며 /ɛ/소리와 /æ/소리의 차이를 연습해 보세요. 각각의 쌍을 같은 소리로 발음하지 않도록 주의하세요.

	/ɛ/	/æ/			/ɛ/	/æ/
1.	men	man		5.	guess	gas
2.	said	sad		6.	slept	slapped
3.	end	and		7.	head	had
4.	then	than		8.	expensive	expansive

Word Pairs for Practice

다음 짝지어진 단어를 들으며 연습해 보세요. /ɛ/와 /æ/소리가 서로 다른 모음 소리로 발음되는 것에 주의하세요.

1. sad endings 슬픈 결말
2. less land 더 적은 땅
3. angry men 화난 사람들
4. ten gallons 10 갤런
5. last exit 마지막 비상구
6. bad friend 나쁜 친구

6. /ɑ/ AS IN *FATHER*

father의 /ɑ/소리

Never go to a doctor whose office plants have died.

진료실 화초가 죽어 있는 의사한테는 가지 마라.

Erma Bombeck

Lips: Apart, as if you are yawning. Not rounded.
Tongue: Relaxed, flat at the floor of the mouth.

입술은 하품을 하는 것처럼 벌리되 동그랗지는 않게 합니다. 혀는 긴장을 풀고, 입안 바닥에 깔리게 놓습니다. /ɑ/소리가 주로 나는 철자 유형은 다음과 같습니다.

Common Spelling Patterns for /ɑ/	
o	h<u>o</u>t, st<u>o</u>p, m<u>o</u>dern, j<u>o</u>b
a	f<u>a</u>ther, w<u>a</u>tch, d<u>a</u>rk, w<u>a</u>nt

Word Pairs for Practice

다음 짝지어진 단어를 들으며 연습해 보세요.

1. c<u>o</u>mmon pr<u>o</u>blem 흔한 문제
2. b<u>o</u>dy sh<u>o</u>p 자동차 자체 수리 공장
3. <u>o</u>ccupy the <u>o</u>ffice 사무실을 사용하다
4. <u>o</u>ffice p<u>o</u>litics 사무실 정치
5. t<u>o</u>p to b<u>o</u>ttom 거꾸로
6. l<u>o</u>gical resp<u>o</u>nse 논리적인 응답
7. h<u>o</u>t t<u>o</u>pic 관심이 많은 주제
8. m<u>o</u>dern h<u>o</u>spital 현대적인 병원
9. n<u>o</u>nstop 논스톱
10. sl<u>o</u>ppy j<u>o</u>b 대충하는 일

Practice Sentences

다음 문장을 들으며 연습해 보세요.

1. R<u>o</u>nald is c<u>o</u>nfident that he g<u>o</u>t the j<u>o</u>b.

   로날드는 일자리를 얻었다고 확신한다.

2. Sc<u>o</u>tt goes to a l<u>o</u>t of r<u>o</u>ck c<u>o</u>ncerts.

   스코트는 록 콘서트에 자주 간다.

3. The d<u>o</u>ctor <u>o</u>perated in the m<u>o</u>dern h<u>o</u>spital.

   그 의사는 현대적인 병원에서 수술을 했다.

4. B<u>o</u>b will pr<u>o</u>bably l<u>o</u>ck the <u>o</u>ffice.

   밥은 아마도 사무실을 잠글 것이다.

5. He's g<u>o</u>t a l<u>o</u>t of d<u>o</u>llars in his p<u>o</u>cket.

   그는 주머니에 꽤 많은 달러를 가지고 있다.

Quick Review
Word Contrasts for /æ/ Versus /ɑ/

다음 단어를 들으며 /æ/와 /ɑ/소리의 차이를 연습해 보세요. 각각의 쌍을 같은 소리로 발음하지 않도록 주의하세요.

	/æ/	/ɑ/			/æ/	/ɑ/
1.	hat	hot		5.	cap	cop
2.	lack	lock		6.	add	odd
3.	sack	sock		7.	rack	rock
4.	sang	song		8.	tap	top

Word Pairs for Practice

다음 짝지어진 단어를 들으며 연습해 보세요. /æ/와 /ɑ/ 서로 다르게 발음되는 각 쌍의 두 단어에 주의하세요.

1. hot pan 뜨거운 냄비
2. man's job 남자의 일
3. top answer 최고의 답
4. got back 되돌아왔다
5. bad dog 나쁜 개
6. back pocket 뒷주머니

  Advice from a Successful Student

아래의 텍스트를 잘 들어 보세요. 녹음되어 있는 소리는 미국 영어 액센트를 훌륭하게 학습한 여러분과 같은 비영어권 출신의 발음 학습 방법입니다.

"During my drive to and from work, I always listen to audio books. The speaker's voice is usually very clear and not sloppy like the speech I sometimes hear on the street. I listen closely to the accent of the speaker and try to imitate it. I play back certain parts over and over again. The more I do this the better my accent gets."

Katarina Matolek, Croatia

"자동차로 출퇴근하는 동안 오디오 북을 들었어요. 오디오 북에서 나오는 목소리는 대개 아주 명확하고 길거리에서 가끔 들리는 그런 정리되지 않은 소리는 아니에요. 나는 오디오에서 나오는 악센트를 주의깊게 듣고 그와 같이 따라 하려고 애를 씁니다. 어떤 부분은 계속 반복해서 듣기도 하지요. 이렇게 반복할수록 제 악센트는 더 좋아지지요."

Katarina Matolek, 크로아티아

7. /ə/ AS IN *FUN**

fun의 /ə/소리

Love all, trust a few, do wrong to none.

모든 사람을 사랑하고, 소수의 사람을 신뢰하고, 어떤 사람에게도 나쁜 짓을 하지 말라.

William Shakespeare

Lips: Completely relaxed, slightly parted.
Tongue: Relaxed, middle position.

입술은 완전히 긴장을 풀고 약간만 벌립니다. 혀도 긴장을 풀고 입안의 가운데에 위치시킵니다. /ə/소리가 주로 나는 철자 유형은 다음과 같습니다.

Common Spelling Patterns for /ə/

u	but, fun, summer, drunk
o	love, done, come, son
ou	cousin, country, enough

*IPA(International Phonetic Alphabet 국제 음성 기호) 기호에 따르면 위의 발음에 강세가 오면 /ʌ/로, 강세가 없으면 /ə/로 표시합니다. 그러나 이 두 가지는 기본적으로는 같은 소리입니다. 그래서 이 책에서는 /ə/라는 발음기호로 이 두 가지를 모두 표현할 것입니다. 이 두 소리의 차이를 알려면 강세가 오는 모음과 그렇지 않은 모음의 차이를 다루는 5장을 참고하길 바랍니다.

Word Pairs for Practice

다음 짝지어진 단어를 들으며 연습해 보세요.

1. young son 어린 아들
2. jump up 뛰어오르다
3. fun in the sun 태양 아래서의 즐거움
4. another subject 다른 주제
5. wonderful mother 놀라운 어머니
6. under the rug 양탄자 아래
7. number one 넘버 원
8. undercover 은밀한
9. enough money 충분한 돈
10. Sunday brunch 일요 브런치

Practice Sentences

다음 문장을 들으며 연습해 보세요.

1. Your y<u>ou</u>nger br<u>o</u>ther d<u>oe</u>sn't tr<u>u</u>st <u>u</u>s.
   당신의 남동생은 우리를 믿지 않아요.

2. What c<u>ou</u>ntry d<u>oe</u>s he c<u>o</u>me fr<u>o</u>m?
   그는 어느 나라 출신입니까?

3. I had an<u>o</u>ther f<u>u</u>n s<u>u</u>mmer in L<u>o</u>ndon.
   나는 런던에서 또 한 번 즐거운 여름을 보냈다.

4. I don't have m<u>u</u>ch st<u>u</u>ff in the tr<u>u</u>nk of my tr<u>u</u>ck.
   내 트럭 트렁크 안에는 물건들이 많지 않다.

5. I l<u>o</u>ve the s<u>u</u>nny s<u>u</u>mmer m<u>o</u>nths.
   나는 햇빛 좋은 여름이 좋다.

Quick Review
Word Contrasts for /ɑ/ Versus /ə/

다음 짝지어진 단어를 들으며 /ɑ/와 /ə/소리의 차이를 연습해 보세요. 각각의 쌍을 같은 소리로 발음하지 않도록 주의하세요.

	/ɑ/	/ə/			/ɑ/	/ə/
1.	Don	done		5.	lock	luck
2.	shot	shut		6.	non	none
3.	fond	fund		7.	robber	rubber
4.	got	gut		8.	doll	dull

Word Pairs for Practice

다음 짝지어진 단어를 들으며 연습해 보세요. /ɑ/와 /ə/ 서로 다른 모음 소리로 발음되는 것에 주의하세요

1. c<u>o</u>me <u>o</u>n 어서
2. g<u>o</u>t l<u>u</u>cky 운이 좋았다
3. n<u>o</u>t en<u>ou</u>gh 충분치 않은
4. c<u>o</u>st m<u>u</u>ch 비용이 많이 들다
5. f<u>u</u>n j<u>o</u>b 즐거운 일
6. st<u>o</u>p r<u>u</u>nning 뛰기를 멈추다
7. j<u>u</u>mp <u>o</u>n 뛰어 오르다
8. g<u>u</u>nsh<u>o</u>t 사격

8. /ɔ/ AS IN *SAW*

saw의 /ɔ/소리

Courage is the first of human qu<u>a</u>lities bec<u>au</u>se it is the qu<u>a</u>lity which guarantees <u>a</u>ll the others.

용기란 사람의 자질 가운데 가장 우선하는 것이다. 그것이 다른 모든 것들을 보증하는 자질이기 때문이다.

Winston Churchill

Lips: Apart, very slightly rounded, oval shape.
Tongue: Slightly tense, down near the floor of mouth.

입술을 벌려 아주 살짝 둥근 타원형 모양으로 만듭니다. 혀는 약간의 긴장을 주고 입안의 바닥 가까이에 위치시킵니다. /ɔ/소리가 주로 나는 철자 유형은 다음과 같습니다.

Common Spelling Patterns for /ɔ/

aw	s<u>aw</u>, l<u>aw</u>, <u>aw</u>ful, <u>aw</u>esome
au	<u>au</u>thor, <u>Au</u>gust, appl<u>au</u>d. <u>au</u>dition
al	sm<u>all</u>, w<u>al</u>k, t<u>all</u>, <u>al</u>ways
ought	br<u>ought</u>, th<u>ought</u>, f<u>ought</u>
aught	d<u>augh</u>ter, c<u>augh</u>t
o	g<u>o</u>ne, <u>o</u>ff, l<u>o</u>ng

Word Pairs for Practice

다음 짝지어진 단어를 들으며 연습해 보세요. 각각의 쌍을 같은 소리로 발음하지 않도록 주의하세요.

1. p<u>au</u>se in the h<u>all</u> 강당에서 쉬다
2. <u>aw</u>ful th<u>ough</u>t 끔찍한 생각
3. w<u>a</u>ter the l<u>aw</u>n 잔디에 물주다
4. t<u>a</u>lk until d<u>aw</u>n 새벽까지 말하다
5. <u>au</u>tumn in <u>Au</u>stria 오스트리아의 가을

6. w<u>al</u>k the d<u>o</u>g 개를 산책시키다
7. sm<u>all</u> t<u>al</u>k 스몰 토크
8. <u>al</u>ready exh<u>au</u>sted 이미 지친
9. t<u>all</u> w<u>all</u> 높은 벽
10. c<u>augh</u>t the b<u>all</u> 그 공을 잡았다

Practice Sentences

다음 문장을 들으며 연습해 보세요.

1. The <u>au</u>dience appl<u>au</u>ded even though the t<u>a</u>lk was <u>aw</u>ful.
   청중은 이야기가 형편없었었는데도 박수갈채를 보냈다.

2. His sm<u>a</u>ll d<u>augh</u>ter th<u>ough</u>t that Santa Cl<u>au</u>s would come in <u>Au</u>gust.
   그의 어린 딸은 산타클로스가 8월에 올 것이라고 생각했다.

3. I s<u>aw</u> your mother-in-l<u>aw</u> in the m<u>a</u>ll.
   나는 너의 장모를 쇼핑몰에서 봤어.

4. He b<u>ough</u>t an <u>au</u>tomobile at the <u>au</u>ction last f<u>a</u>ll.
   그는 지난 가을 경매에서 자동차를 한 대 샀다.

5. This s<u>au</u>ce is <u>aw</u>esome, P<u>au</u>la!
   이 소스는 정말 최고야, 폴라!

Quick Review
Word Contrasts for /ə/ Versus /ɔ/

다음 단어를 들으며 /ə/와 /ɔ/소리의 차이를 연습해 보세요. 각각의 쌍을 같은 소리로 발음하지 않도록 주의하세요.

	/ə/	/ɔ/			/ə/	/ɔ/
1.	cut	caught		5.	but	bought
2.	hull	hall		6.	sung	song
3.	done	dawn		7.	cuff	cough
4.	dug	dog		8.	flood	flawed

Word Pairs for Practice

다음 짝지어진 단어를 들으며 연습해 보세요. /ə/소리와 /ɔ/ 서로 다르게 발음되는 각 쌍의 두 단어에 주의하세요.

1. <u>a</u>nother d<u>o</u>g 다른 개
2. l<u>o</u>ng m<u>o</u>nth 큰 달
3. m<u>u</u>ch t<u>a</u>lk 많은 말
4. b<u>ough</u>t l<u>u</u>nch 점심을 샀다
5. c<u>o</u>ffee c<u>u</u>p 커피 잔
6. sm<u>a</u>ll cl<u>u</u>b 작은 클럽

9. /oʊ/ AS IN *BOAT*

boat의 /oʊ/소리

No bird soars too high if he soars with his own wings.

새가 만일 자기 자신의 날개로 날아오른다면 지나치게 높게 날아오르는 새는 없다.

William Blake

Lips: Very rounded and tense.

Tongue: A bit tense, moves from mid to high position.

입술은 아주 둥글게 만들고 긴장을 줍니다. 혀는 약간 긴장된 상태로 입안의 중간에서 높은 곳으로 움직입니다. /oʊ/로 주로 발음되는 철자 유형은 다음과 같습니다.

Common Spelling Patterns for /oʊ/	
o	n<u>o</u>, d<u>o</u>n't, h<u>o</u>me, <u>o</u>nly
oa	r<u>oa</u>d, c<u>oa</u>t, b<u>oa</u>t
ow	<u>ow</u>n, sl<u>ow</u>, wind<u>ow</u>
ough	th<u>ough</u>, alth<u>ough</u>

Word Pairs for Practice

다음 짝지어진 단어를 들으며 연습해 보세요.

1. ph<u>o</u>ne h<u>o</u>me 집에 전화하다
2. <u>ow</u>n a h<u>o</u>me 집을 소유하다
3. alm<u>o</u>st <u>o</u>ver 거의 끝난
4. <u>o</u>pen r<u>oa</u>d 열린 도로
5. dr<u>o</u>ve sl<u>ow</u>ly 천천히 운전했다
6. d<u>o</u>n't sm<u>o</u>ke 담배 피우지 않다
7. l<u>ow</u> pr<u>o</u>file 저자세
8. sl<u>ow</u> m<u>o</u>tion 느린 행동
9. <u>o</u>ld p<u>oe</u>m 오래된 시
10. g<u>o</u>lden b<u>ow</u>l 황금 사발

Practice Sentences

다음 문장을 들으며 연습해 보세요.

1. We b<u>o</u>th h<u>o</u>pe it's g<u>o</u>ing to sn<u>ow</u>.
   우리는 둘 다 눈이 오기를 바란다.

2. <u>O</u>h, n<u>o</u>! D<u>o</u>n't <u>o</u>pen the wind<u>ow</u>! It's c<u>o</u>ld.
   안 돼! 창문 열지 매 추워.

3. Do you want to g<u>o</u> b<u>ow</u>ling or r<u>o</u>ller skating?
   볼링 치러 갈래, 롤러스케이트 타러 갈래?

4. I ch<u>o</u>se a b<u>ow</u>l of soup, potat<u>oe</u>s, r<u>oa</u>st beef, and a s<u>o</u>da.
   나는 수프 한 그릇, 감자, 구운 소고기와 음료수 한 잔을 시켰다.

5. I d<u>o</u>n't kn<u>ow</u> if J<u>oa</u>n sm<u>o</u>kes.
   나는 조운이 담배를 피우는지 어떤지 모른다.

Quick Review
Word Contrasts for /ɑ, ɔ/ Versus /oʊ/

다음 단어를 들으며 /ɑ/, /ɔ/소리와 /oʊ/소리의 차이를 연습해 보세요. 짝지어진 단어들을 같은 소리로 발음하지 않도록 주의하세요.(/ɑ/소리와 /ɔ/소리는 거의 같게 발음이 됩니다. 그래서 이 두 소리는 모두 앞줄에 두었습니다.)

	/ɑ, ɔ/	/oʊ/		/ɑ, ɔ/	/oʊ/
1.	bought	boat	6.	caught	coat
2.	law	low	7.	walk	woke
3.	clause	close	8.	not	note
4.	odd	owed	9.	got	goat
5.	want	won't	10.	non	known

Word Pairs for Practice

다음 짝지어진 단어를 들으며 연습해 보세요. /ɑ, ɔ/나 /oʊ/ 서로 다르게 발음되는 각 쌍의 두 단어제 주의하세요.

1. <u>o</u>ld l<u>aw</u> 낡은 법
2. n<u>o</u>t h<u>o</u>me 집이 아닌
3. th<u>o</u>se d<u>o</u>gs 저 개들
4. <u>o</u>dd b<u>oa</u>t 이상한 보트
5. w<u>a</u>lk sl<u>ow</u>ly 천천히 걷다
6. <u>o</u>nly d<u>aug</u>hter 외동딸

10. /ʊ/ AS IN *GOOD*

good의 /ʊ/소리 : 우리나라 사전에서는 단음 [u]로 표시되는 발음이다.

Without words, without writing and without books there would be no
history, there could be no concept of humanity.

말이 없이는, 글이 없이는, 책이 없이는 역사가 있을 수 없고, 인류의 개념도 있을 수 없을 것이다.

Hermann Hesse

Lips: Very slightly rounded.

Tongue: Relaxed, back is raised, higher than for /oʊ/.

입술은 아주 살짝 둥글게 만듭니다. 혀는 긴장을 풀고 뒤쪽이 좀 들린 상태로 /oʊ/보다 높게 위치시킵니다. /ʊ/ 소리가 나는 일반적인 철자 유형은 다음과 같습니다.

Common Spelling Patterns for /ʊ/

oo	good, look, childhood, understood
u	push, full, pull, sugar
ould	would, could, should

I Exception I

woman	wuman처럼 발음된다.

Word Pairs for Practice

다음 짝지어진 단어를 들으며 연습해 보세요.

1. good book 좋은 책
2. took a look 보았다
3. good looking 잘 생긴
4. fully cooked 완전히 익은
5. shook his foot 그의 발을 흔들었다
6. sugar cookie 설탕 과자
7. push and pull 밀고 당기다
8. wool pullover 울 스웨터
9. wooden hook 나무로 된 갈고리
10. good childhood 좋은 어린시절

Practice Sentences

다음 문장을 들으며 연습해 보세요.

1. W<u>ou</u>ld you help me l<u>oo</u>k for my b<u>oo</u>k?
   내 책을 찾는 것을 도와주시겠어요?

2. The s<u>u</u>gar c<u>oo</u>kies taste g<u>oo</u>d.
   설탕 쿠키는 맛있다.

3. The b<u>u</u>tcher is a g<u>oo</u>d c<u>oo</u>k.
   그 정육점 주인은 훌륭한 요리사이다.

4. He w<u>ou</u>ld read the b<u>oo</u>k if he c<u>ou</u>ld.
   그는 할 수 있다면 그 책을 읽을 것이다.

5. B<u>u</u>tch visited his old neighborh<u>oo</u>d in Brooklyn.
   부치는 브루클린에 있는 오랜 이웃을 방문했다.

11. /u/ AS IN *TOO*

too의 /u/소리 : 우리나라 사전에서는 장음 [uː]로 표시되는 발음이다.

If you could ch<u>oo</u>se one characteristic that would get you thr<u>ou</u>gh life,
ch<u>oo</u>se a sense of h<u>u</u>mor.
만일 당신이 평생 함께 할 성격을 한 가지 선택할 수 있다면, 유머 감각을 선택하라.

Jennifer Jones

Lips: Tense, rounded, as if blowing a balloon.
Tongue: Slightly tense, high.

입술은 긴장을 하고 풍선을 불 때처럼 둥글게 만듭니다. 혀는 약간 긴장하고, 입안의 위쪽에 위치시킵니다. /u/ 소리가 나는 일반적인 철자 유형은 다음과 같습니다.

Common Spelling Patterns for /u/	
oo	t<u>oo</u>, f<u>oo</u>d, sch<u>oo</u>l, t<u>oo</u>l

ue	true, blue, avenue
o	do, who, lose, prove
ew	new, blew, drew
u	super, rule, duty, student

● 역주: 미국 영어에서는 **super**, **duty**, **student** 등을 발음할 때 [j]소리를 내지 않는 경향이 있다.

Word Pairs for Practice

다음 짝지어진 단어를 들으며 연습해 보세요.

1. too few 너무 적은
2. fruit juice 과일 주스
3. soup spoon 수프 수저
4. new suit 새로운 양복
5. true value 진정한 가치

6. blue shoes 파란 신발
7. new moon 초승달
8. suitable suitcase 적당한 옷가방
9. two rooms 두 개의 방
10. super cool 정말 멋진

Practice Sentences

다음 문장을 들으며 연습해 보세요.

1. The new roof was installed in June.
   새로운 지붕은 6월에 설치되었다.

2. I drink fruit juice and eat a lot of soup.
   나는 과일주스를 마시고, 많은 수프를 먹는다.

3. Your blue shoes are really cool.
   너의 파란 신발은 정말 멋지다.

4. I need proof that you're telling the truth.
   나는 네가 진실을 말하고 있다는 증거가 필요해.

5. The statue on the avenue is truly beautiful.
   큰길에 있는 동상은 정말 아름답다.

Quick Review
Vowel Contrasts for /ʊ/ Versus /u/

다음 단어를 들으며 /ʊ/소리와 /u/소리의 차이를 연습해 보세요. 짝지어진 단어들을 같은 소리로 발음하지 않도록 주의하세요.

	/ʊ/	/u/			/ʊ/	/u/
1.	full	fool		3.	pull	pool
2.	look	Luke		4.	stood	stewed

Word Pairs for Practice

다음 짝지어진 단어를 들으며 따라해 보세요. /ʊ/와 /u/ 서로 다르게 발음되는 각 쌍의 두 단어에 주의하세요.

1. g<u>oo</u>d f<u>oo</u>d 좋은 음식
2. f<u>u</u>ll r<u>oo</u>m 가득 찬 방
3. c<u>oo</u>k st<u>ew</u> 스튜를 요리하다
4. bl<u>ue</u> b<u>oo</u>k 파란 책
5. tw<u>o</u> c<u>oo</u>kies 과자 두 개
6. t<u>oo</u> f<u>u</u>ll 너무 꽉 찬

12. /ɚ/ AS IN *BIRD*

bird의 /ɚ/소리

*Life is unc**er**tain. Eat dess**er**t f**ir**st.*
인생은 불확실하다. 디저트를 먼저 먹어라.

Ernestine Ulmer

Lips: Slightly rounded.
Tongue: Tense, mid-level position. Tip is curled up a bit and pulled back.

입술은 살짝 둥글게 만듭니다. 혀는 긴장한 상태로 입안에서 중간 정도에 두고 혀끝을 약간 말아 올려 뒤쪽으로 당깁니다. /ɚ/소리가 나는 일반적인 철자 유형은 다음과 같습니다.

Common Spelling Patterns for /ər/

er	h**er**, m**er**cy, moth**er**, winn**er**
ear	h**ear**d, l**ear**n, **ear**th
ir	f**ir**st, g**ir**l, f**ir**m
or	doct**or**, w**or**d, w**or**ry
ur	occ**ur**, c**ur**tain, j**ur**y
ure	insec**ure**, cult**ure**
ar	gramm**ar**, coll**ar**

Word Pairs for Practice

다음 짝지어진 단어를 들으며 연습해 보세요.

1. f**ir**st p**er**son 첫 번째 사람
2. p**ur**ple sh**ir**t 자주색 셔츠
3. l**ear**n G**er**man 독일어를 배우다
4. oth**er** w**or**ld 다른 세계
5. s**er**ve dinn**er** 저녁을 대접하다

6. th**ir**d t**er**m 세 번째 학기
7. f**ir**m w**or**ds 단호한 말
8. **ear**ly b**ir**d 일찍 일어나는 새
9. n**er**vous g**ir**l 긴장한 소녀
10. th**ir**ty-th**ir**d 서른 세 번째

Practice Sentences

다음 문장을 들으며 연습해 보세요.

1. I will w**or**k during the th**ir**d t**er**m.

   나는 세 번째 학기에 일을 할 것이다.

2. They s**er**ved t**ur**key for dinn**er**.

   그들은 저녁식사로 칠면조를 대접했다.

3. H**er** p**ur**ple sh**ir**t is d**ir**ty.

   그녀의 자주색 셔츠는 지저분하다.

4. She gave b**ir**th to a th**ir**d g**ir**l.

   그녀는 세 번째 딸을 낳았다.

5. It's not w**or**th w**or**rying about anoth**er** b**ir**thday.

   다른 생일을 걱정할 필요가 없다.

13. /aɪ/ AS IN *TIME*

time의 /aɪ/소리

We must use time wisely and forever realize that the time is always ripe to do right.

우리는 시간을 현명하게 사용해야만 한다. 그리고 옳은 일을 할 시기에 이르렀다는 사실을

언제나 잊지 말아야 한다.

Nelson Mandela

Lips: Open, not rounded, closing a bit when moving to the /ɪ/ position.
Tongue: Relaxed, moves from flat to high position.

입술은 크게 벌리지만 동그란 모양은 아니고, /ɪ/음을 낼 때 살짝 오므립니다. 혀는 긴장을 풀고 입안에서 바닥에 두었다가 위쪽으로 올립니다. /aɪ/소리가 나는 일반적인 철자 유형은 다음과 같습니다.

Common Spelling Patterns for /aɪ/

y	fly, sky, apply, style
i	nice, kind, fine, sign
igh	light, fight, sight, night
ie	lie, tie, tried

Word Pairs for Practice

다음 짝지어진 단어를 들으며 연습해 보세요.

1. lime pies 라임 파이
2. white wine 백포도주
3. fly a kite 연을 날리다
4. nice try 훌륭한 시도
5. nine lives 9개의 목숨
6. bright light 밝은 빛
7. fly high 높게 날다
8. sign on the line 선 위의 표시
9. fine dining 고급 식당
10. ninety-nine 99

Practice Sentences

다음 문장을 들으며 연습해 보세요.

1. Why is the pr<u>i</u>ce so h<u>igh</u> for that des<u>ig</u>n?

    그 디자인은 왜 그렇게 가격이 높아요?

2. The w<u>i</u>ldf<u>i</u>re started on Fr<u>i</u>day n<u>igh</u>t.

    산불은 금요일 밤에 시작되었다.

3. He was t<u>i</u>red after h<u>i</u>king for f<u>i</u>ve hours.

    그는 다섯 시간의 산행 뒤에 지쳤다.

4. It's a n<u>i</u>ne-hour dr<u>i</u>ve to <u>I</u>owa.

    아이오와 주까지는 자동차로 9시간 거리이다.

5. We had l<u>i</u>me p<u>ie</u> and dr<u>y</u> wh<u>i</u>te w<u>i</u>ne.

    우리는 라임 파이와 달지 않은 백포도주를 마셨다.

14. /aʊ/ AS IN *HOUSE*

house의 /aʊ/소리

*It is better to keep your m<u>ou</u>th closed and let people think you are a fool
than to open it and remove all d<u>ou</u>bt.*

입을 열어 모든 의구심을 없애려고 하느니 그냥 입을 다물고 사람들이 당신을 바보라고 생각하게 내버려두는 편이 낫다.

Mark Twain

Lips: Start not rounded, but as you move toward /ʊ/, lips begin to close and become tense.
Tongue: Moves from relaxed, low to high position for the /ʊ/.

입술은 동그랗지 않은 모양에서 시작하지만 /ʊ/소리로 옮겨가면서 오므라들면서 긴장하게 됩니다. 혀는 긴장이 풀린 상태에서 입안 낮은 곳에 있다가 /ʊ/소리를 내면서 높이 올립니다. /aʊ/소리가 나는 일반적인 철자 유형은 다음과 같습니다.

Common Spelling Patterns for /aʊ/

ou	f<u>ou</u>nd, l<u>ou</u>d, ar<u>ou</u>nd, th<u>ou</u>sand
ow	n<u>ow</u>, d<u>ow</u>n, cr<u>ow</u>d, v<u>ow</u>el

Word Pairs for Practice

다음 짝지어진 단어를 들으며 연습해 보세요.

1. ab<u>ou</u>t an h<u>our</u> 한 시간 가량
2. cr<u>ow</u>ded h<u>ou</u>se 붐비는 집
3. d<u>ow</u>nt<u>ow</u>n 시내
4. l<u>ou</u>d ann<u>ou</u>ncement 시끄러운 발표
5. c<u>ou</u>ntd<u>ow</u>n 초읽기
6. ar<u>ou</u>nd the m<u>ou</u>ntain 산 주변에
7. br<u>ow</u>n c<u>ou</u>ch 갈색 소파
8. f<u>ou</u>nd <u>ou</u>t 발견했다
9. d<u>ow</u>n and <u>ou</u>t 빈털터리의
10. pron<u>ou</u>nce the v<u>ow</u>el 모음을 발음하다

Practice Sentences

다음 문장을 들으며 연습해 보세요.

1. I d<u>ou</u>bt that the cl<u>ow</u>n will say something prof<u>ou</u>nd.
   나는 광대가 뭔가 심오한 이야기를 할 것이라는 것이 의심스럽다.

2. There are fl<u>ow</u>ers all ar<u>ou</u>nd the h<u>ou</u>se.
   그 집 주변에는 온통 꽃들이 있다.

3. Is that your sp<u>ou</u>se in the br<u>ow</u>n bl<u>ou</u>se?
   갈색 블라우스를 입은 사람이 당신의 배우자입니까?

4. The cl<u>ou</u>ds behind the m<u>ou</u>ntain will bring sh<u>ow</u>ers.
   산 뒤의 구름을 보니 소나기가 내리겠다.

5. The br<u>ow</u>n c<u>ow</u> is near the f<u>ou</u>ntain.
   갈색 소가 샘 근처에 있다.

15. /ɔɪ/ AS IN *BOY*

boy의 /ɔɪ/소리

Don't worry about avoiding temptation. As you get older, it will avoid you.

유혹을 피하는 것에 대해 걱정하지 말라. 나이가 들어감에 따라 유혹이 당신을 피해갈 것이다.

Winston Churchill

Lips: Move from slightly rounded, oval position to relaxed, slightly parted position.
Tongue: Relaxed, move from mid-high to high position.

입술은 타원형으로 약간 둥근 모양으로 시작해서 긴장을 풀며 약간 벌려줍니다. 혀는 긴장을 풀고, 입안의 중간 높이 위치에서 높은 위치로 올립니다. /ɔɪ/소리가 주로 나는 철자 유형은 다음과 같습니다.

Common Spelling Patterns for /ɔɪ/	
oi	avoid, oil, moist, join
oy	enjoy, toy, employ, royal

Word Pairs for Practice

다음 짝지어진 단어를 들으며 연습해 보세요.

1. enjoy the toy 장난감을 가지고 놀다
2. spoiled boy 못된 소년
3. appointment in Detroit 디트로이트에서의 약속
4. broiled oysters 구운 굴
5. boiling point 끓는 점
6. annoying noise 성가신 소음
7. destroy the poison 독을 없애다
8. loyal employee 충성심 강한 직원
9. moist soil 축축한 흙
10. avoid the moisture 습기를 피하다

Track 66

Practice Sentences

다음 문장을 들으며 연습해 보세요.

1. He destroyed the poison by flushing it down the toilet.

   그는 독약을 변기에 내려 보내 없애버렸다.

2. Roy had an appointment in Detroit.

   로이는 디트로이트에서 약속이 있었다.

3. Joyce is annoyed and a little paranoid.

   조이스는 짜증이 났고, 약간 편집증 환자같다.

4. I was disappointed with Joy's choice.

   나는 조이스의 선택에 실망했다.

5. Why is Floyd avoiding Roy?

   왜 플로이드는 로이를 피하지요?

Chapter

02

VOWELS IN

DETAIL

모음 자세히 살펴보기

Chapter 02

VOWELS IN DETAIL

모음 자세히 살펴보기

이장에서는 원어민이 아닌 사람들이 가장 발음하기 까다로운 모음들을 자세히 알아보게 될 것입니다. 여러분은 예전에는 정말 그 발음이 그 발음 같다고 느꼈던 소리들을 분명하게 구별하는 법을 익히게 됩니다. 그리고 자주 사용되는 단어들 가운데 모음의 소리와 철자 사이의 관계가 예외적인 경우를 익히게 될 것입니다. 이러한 예외를 기억해 두면 여러분의 악센트(말씨)는 눈에 띄게 개선됩니다.

Review of /ɪ/ and /i/ Sounds

/ɪ/와 /i/소리의 복습

Real riches are the riches possessed inside.
진짜 부자는 속이 찬 부자들이다.

B·C·Forbes

/ɪ/소리는 구별하기가 쉽습니다. 왜냐하면 철자가 **big**의 **i**처럼 거의 항상 하나의 모음이기 때문입니다. 그에 반해 /i/소리는 흔히 **meet, team**과 같이 철자가 **ee, ea** 등 두 개의 모음으로 되어 있습니다. 단모음 /ɪ/소리를 발음하기 위해서는 혀와 입술에 긴장이 풀려야 한다는 것을 기억하십시오. 그러나 장모음 /i/소리를 발음하려면 혀와 입술이 긴장해야 합니다.

> **DO NOT SAY** **Warning: Dangerous Mistake**
>
> /ɪ/와 /i/를 혼동하면 당황스러운 상황을 연출할 수도 있고, 심지어 무례하기까지 한 상황이 연출될 수도 있으니 주의하세요
>
> | **Do you mean?** 이 말을 하고 싶나요? | **Or?** 아니면 이 말인가요? |
> |---|---|
> | /i/ | /ɪ/ |
> | **sheet** 종잇장 | **shit** 똥 |
> | **beach** 해변 | **bitch** 암캐 |
> | **piece** 조각 | **piss** 오줌 |

Track 69

Practice Dialogues

다음 대화를 들으며 연습해 보세요.

1. A: Is it difficult?
   그거 어려워?

   B: No, it's unbelievably easy.
   아니, 믿을 수 없을 만큼 쉬워.

2. A: I feel ill.
   나 몸이 안 좋은 것 같아.

   B: Drink some green tea.
   녹차를 좀 마셔봐.

3. A: Please meet me for dinner.
   저랑 만나서 저녁 드시지요.

   B: I will be there at six.
   제가 거기로 여섯 시에 가겠습니다.

4. A: Is it expensive?
   그거 비싸요?

   B: No, it isn't. It's really cheap.
   아뇨, 정말 싸요.

5. A: I need a refill of these pills.
   이 알약들 좀 다시 채워주세요.

   B: Speak with your physician.
   내과의사와 말씀하세요.

6. A: Is he still really sick?
   그가 아직도 정말 아픈 거야?

   B: No, he's just feeling a little weak.
   아니, 그냥 좀 쇠약해졌다고 느끼나 봐.

7. A: This is completely different.
   이건 완전히 다르네.

   B: But it is interesting, isn't it?
   그렇지만 흥미로운걸, 그렇지?

Practice Paragraph

다음을 듣고, 따라 읽으며 연습해 보세요.

Guilty or Innocent?

Let's be realistic. It's not that difficult to see that he's guilty. He steals, drinks, and cheats. He has cheated his victims, and he needs to be in prison. He did these terrible things, yet he insists that he's innocent. Who is he kidding? In the beginning, many people did believe that he was innocent. But now we have the evidence that we need. Even though he won't admit his guilt, I foresee him being in prison for at least fifteen years. Don't you agree with me?

유죄냐 무죄냐?

좀 현실적으로 봅시다. 그가 유죄라고 보는 것은 그리 어려운 일이 아닙니다. 그는 물건을 훔치고, 술을 마시고, 사기를 쳐요. 그는 사기에 걸린 사람들을 속였습니다. 그러니까 그는 감옥에 가야지요. 그는 이런 끔찍한 짓들을 저질렀다는 말입니다. 그런데도 그는 자기가 결백하다고 억지를 쓰고 있어요. 지금 농담하고 있는 그는 누구지요? 처음에는 많은 사람들이 그가 결백하다고 믿었습니다. 그러나 지금은 우리한테 필요한 증거를 가지고 있답니다. 그가 자신의 유죄를 인정하지 않을지라도, 나는 그가 최소한 15년 동안은 감옥에 있게 될 거라고 봅니다. 저의 생각에 동의하시지요?

Review of /ɛ/ and /æ/ Sounds

/ɛ/와 /æ/소리의 복습

/æ/소리는 턱을 밑으로 더 벌려야 하고, 혀는 입안 바닥에 깔려야 한다는 것을 기억하세요. /ɛ/소리는 턱을 살짝만 밑으로 내립니다.

Sentence Pairs for Practice

다음 짝지어진 문장을 들으며 연습해 보세요. 첫 번째 문장의 굵게 표시된 단어에는 /ɛ/가 포함되어 있고, 두 번째 문장에는 /æ/가 포함되어 있습니다.

/ɛ/	/æ/
1. Don't think about the **pest**.	Don't think about the **past**.
해충에 대해 생각하지 마세요.	과거에 대해 생각하지 마세요.
2. He gave me a **letter**.	He gave me a **ladder**.
그는 내게 편지를 주었다.	그는 내게 사다리를 주었다.
3. **Send** it carefully.	**Sand** it carefully.
그것을 조심해서 보내요.	그것을 조심해서 사포로 닦으세요.

4. The **men** helped me.

   그 남자들은 나를 도왔다.

   The **man** helped me.

   그 남자는 나를 도왔다.

5. I need a new **pen**.

   나는 새 펜이 필요해.

   I need a new **pan**.

   나는 새로운 냄비가 필요해.

6. Do you need to **beg**?

   구걸을 해야 하나요?

   Do you need a **bag**?

   가방이 필요하세요?

Word Pairs in Sentences

다음 문장에서 굵게 표시된 단어에 주의하면서 /ɛ/와 /æ/의 구별을 연습해 보세요.

1. This **bed** is **bad**.

   이 침대는 나쁘다.

2. **Dan** is in the **den**.

   댄은 동굴 안에 있다.

3. She **said** that she was **sad**.

   그녀는 슬프다고 말했다.

4. I **guess** I need **gas**.

   휘발유가 필요한 것 같아.

5. They **laughed** after he **left**.

   그들은 그가 떠난 후에 웃었다.

6. I **bet** that's a **bat**.

   나는 그것이 박쥐라고 장담해.

Practice Sentences

다음 문장을 들으며 연습해 보세요. /ɛ/와 /æ/소리를 다르게 발음해야 합니다.

1. Every member of my family is left handed.

   우리 식구는 모두 왼손잡이이다.

2. My best friend Frank is a successful dentist.

   내가 제일 좋아하는 친구인 프랭크는 성공한 치과의사이다.

3. Kenny's bad headache lasted several days.

   케니의 지독한 두통은 며칠 동안 계속되었다.

4. Glen drank ten glasses of fresh lemonade.

   글렌은 신선한 레모네이드 열 잔을 마셨다.

5. Everyone was happy that he was elected president.

   그가 대통령으로 선출되어 모두가 행복했다.

6. Don't forget to thank Dan for his generous present.

   댄의 아낌없는 선물에 감사하는 것을 잊지 마.

Practice Paragraph
다음을 듣고, 따라 읽으며 연습해 보세요.

A Trip to France

Next January I'm planning to visit my friends in France. Last time I went there, I was only ten or eleven. I would love to go back again. I am taking a class called "French for Travelers." We are memorizing vocabulary and learning the present and past tenses. I want my French to get better and I am practicing every chance I get. I watched a French film and I felt so bad because I didn't understand a word they said. I guess I will have to make extra effort. I want to learn the language and have a better accent so that people can understand me when I am asking for directions and ordering in restaurants.

프랑스 여행

돌아오는 1월에 나는 프랑스에 있는 내 친구들을 방문할 계획이다. 내가 마지막으로 그곳에 간 것은 열 살인가 열한 살 때였다. 다시 돌아가고 싶다. 지금 "여행자를 위한 불어"라는 강좌를 듣고 있다. 우리는 어휘를 외우고, 현재와 과거시제에 대해 배우고 있다. 불어를 더 잘하고 싶다. 그래서 기회가 닿을 때마다 연습하고 있다. 프랑스 영화를 보았는데, 기분이 몹시 좋지 않았다. 왜냐하면 영화에 나오는 사람들이 하는 말을 한마디도 알아들을 수 없었기 때문이다. 아무래도 더 노력을 해야 할 것 같다. 나는 그 언어를 배우고 싶고, 더 나은 악센트를 체득하고 싶다. 그러면 사람들이 내가 길을 묻거나 식당에서 주문을 할 때 내 말을 잘 알아들을 수 있을 것이다.

Review of /ə/, /ɑ/, /ɔ/ and /oʊ/ Sounds
/ə/, /ɑ/, /ɔ/, /oʊ/소리의 복습

/ə/, /ɑ/, /ɔ/와 /oʊ/소리는 자주 혼동이 됩니다. 원어민이 아닌 사람들은 가끔 가다가 **cup**, **cop**, **cap**, 그리고 **cope**의 차이를 명확하게 구분하지 못하기도 합니다.

/ə/	/ɑ/, /ɔ/	/oʊ/
fun이나 **cup**에서처럼 /ə/소리는 중성모음(**neutral vowel**)이라는 것을 기억하세요. 그러니까 이 발음은 언제나 입속 모든 것이 긴장이 풀려 있고, 입술은 조금만 벌려야 합니다.	**father**의 /ɑ/, **saw**의 /ɔ/소리는 /ə/와는 대조적으로 입을 크게 벌려야 합니다. /ɑ/와 /ɔ/는 아주 비슷한 소리입니다만 /ɔ/소리는 입술이 좀 더 타원 모양이고, 혀는 약간 긴장이 된다는 점이 틀립니다. 그러나 미국의 많은 지역에서 /ɑ/와 /ɔ/는 같은 방식으로 발음됩니다. 예를 들어, 많은 미국인들은 **hot**과 **tall**을 같은 모음으로 발음합니다.	**boat**의 /oʊ/소리는 입술이 둥글고 긴장한 상태입니다.

Warning: Dangerous Mistake

/ə/, /ɑ/, /ɔ/와 /oʊ/ 발음을 혼동하면 당황스러운 상황을 연출할 수도 있고, 심지어 무례하기까지 한 상황이 연출될 수도 있으니 주의하세요.

Do you mean? 이 말을 하고 싶나요?   *Or?* 아니면 이 말인가요?

/ə/   /ɔ/

Doug Douglas의 별칭   **dog** 개

이뿐만 아니라 **coke, focus, fork, folk**와 같은 단어들을 잘못 발음하게 되면 부적절하거나 무례한 표현이 되고 맙니다.

Practice Dialogue

다음 대화를 듣고, /ə/, /ɑ/, /ɔ/, /oʊ/ 발음에 주의하면서 따라해 보세요.

Coffee Tomorrow

John:
/oʊ/   /ɔ/
Hi Nicole. Can you talk?

존: 안녕 니콜. 통화할 수 있어?

Nicole:
/oʊ/   /ɑ/   /oʊ/ /ɑ/   /ɑ/   /ə/   /ɔ/   /ɔ/   /ɑ/
Oh, hi, John. Can you hold on? I'm on another call. I'm talking to my boss.

니콜: 아, 안녕 존. 끊지 말고 있을래? 다른 전화가 와 있어. 우리 사장님이랑 통화 중이야.

John:
/oʊ/ /ɑ/   /ə/
No problem. I'll wait 'til you're done.

존: 괜찮아. 통화 끝날 때까지 기다릴게.

Nicole:
/oʊ/   /ɔ/   /ɑ/   /oʊ//ɔ/   /ə/   /oʊ/ /ɑ/
Okay, now I can talk. I am sorry it took so long. What's going on?

니콜: 자, 이제 통화할 수 있어. 오래 기다리게 해서 미안해. 별일 없어?

John:
/ə/   /ə/   /ə/   /oʊ/   /ə/   /ɔ/
Nothing much. I just wanted to know if we can meet for lunch or coffee

/ɑ/
tomorrow.

존: 별일 없어. 그냥 내일 우리 만나서 점심이나 커피 한 잔할 수 있나 하고.

Nicole: Oh, that sounds like f**u**n. /ə/ I've been working n**o**nst**o**p /ɑ/ /ɑ/ and I'd l**o**ve /ə/ to get

out **o**f /ɑ/ the **o**ffice.

니콜: 오, 그거 신나겠는데. 요즘 계속해서 쉬지 않고 일해서 사무실에서 벗어나고파.

The Problematic O

까다로운 O

Trouble is <u>only</u> <u>o</u>pp<u>o</u>rtunity in w<u>o</u>rk cl<u>o</u>thes.
골칫거리는 작업복을 입고 온 기회일 뿐이다.

Henry Kaiser

철자 o가 들어간 단어는 미국 악센트를 공부하는 많은 학생들에게 좌절감을 줄 것입니다. 여러분은 모음의 발음이 꼭 철자와 맞아떨어지는 것은 아니라는 것을 이미 배운 바 있습니다. o라는 철자가 특히 그렇습니다. job, love, only에 들어있는 각각의 o는 모두 다르게 발음됩니다.

"When **o**ne d**oo**r of happiness cl**o**ses, an**o**ther **o**pens; but **o**ften we look s**o** l**o**ng at the cl**o**sed d**oo**r that we d**o** n**o**t see the **o**ne which has **o**pened for us."

"행복이라는 하나의 문이 닫히면 다른 문이 열립니다. 하지만 종종 우리는 닫힌 문을 너무 오래 보고 있어 우리에게 열린 문을 보지 못합니다."라는 「헬렌 켈러」의 인용문에는 o자가 있는 14개의 단어가 들어 있고, 세 개의 모음 발음이 모두 다른 것이 특징이다. 원어민이 아닌 사람들에게 o자 주위의 혼란스러움은 확실히 이해할 만하지 않은가!

Neutral Sound /ə/

먼저, 철자 o가 들어간 가장 까다로운 소리인 중성음 /ə/를 살펴봅시다. 이 소리는 love, other, Monday 등에 들어있는 발음입니다. 원어민이 아닌 사람들은 자주 이 발음을 laav(라브), ather(아더), Mahnday(만데이)로 발음하곤 합니다. 어떤 나라 말에는 /ə/라는 모음이 존재하지 않기 때문에 틀리게 발음하기도 하고, 어떤 경우에는 그냥 철자 u가 포함된 up, fun, Sunday 등에서 보통 나는 소리에 익숙해져 있어 잘못 발음하기도 합니다. 여러분이 o, ou, 심지어 oo 등의 철자이면서 /ə/로 발음되는 아주 흔하게 쓰이는 단어들을 외워두기만 한다면, 여러분의 미국식 말투는 한층 나아질 것입니다. 아래 표에 나와 있는 예외들을 공부해 보세요.

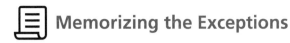 Memorizing the Exceptions

o이면서 /ə/소리가 나는 단어

above	done	money	once	somewhere
another	dove	month	one	son
brother	from	mother	other	ton
color	gonna	none	oven	tongue
cover	love	nothing	some	won
come	Monday	of	something	wonderful
does				

ou이면서 /ə/소리가 나는 단어

double	couple	Douglas	enough	rough
country	tough	cousin	touch	southern

oo이면서 /ə/소리가 나는 단어

blood	flood

a이면서 /ə/소리가 나는 단어

what	was

Dialogues for Practice

/ə/소리가 있는 단어에 주의하세요. 앞에서 말했듯이 대개 /ə/는 lunch의 u로 철자되지만 이 소리가 있는 일부 자주 쓰이는 단어는 love와 son같이 o로 철자됩니다. 다음 대화를 잘 듣고 따라해 보세요.

1. A: Let's go out for lunch.

   점심 식사하러 나가자.

   B: I would love to, but I don't have enough money.

   그러고 싶지만 나는 충분한 돈이 없어.

   A: I have some money.

내게 돈이 좀 있어.

B: Oh thanks so m**u**ch. I'll pay you back next month.

오 매우 고마워. 내가 다음 달에 갚아줄게.

A: Don't worry about it. L**u**nch d**oe**sn't cost so much.

신경 쓰지 마. 점심값은 그렇게 많이 들지 않아.

2. A: What a l**o**vely r**u**g! How m**u**ch is it?

정말 멋진 양탄자군요! 얼마예요?

B: Two h**u**ndred dollars.

200달러예요.

A: Do you have an**o**ther color?

다른 색깔 있나요?

B: I'm sorry. It d**oe**sn't c**o**me in **o**ther colors.

죄송해요. 다른 색깔은 (상품이) 들어오지 않아요.

3. A: What c**ou**ntry is she fr**o**m?

그녀는 어느 나라 출신이니?

B: She c**o**mes from R**u**ssia.

러시아 출신이야.

A: I w**o**nder if her h**u**sband, D**ou**g, speaks R**u**ssian too.

그녀의 남편 Doug도 러시아어를 할 줄 아는지 몰라.

B: No, he d**oe**sn't. He's fr**o**m L**o**ndon. He j**u**st speaks English.

아니, 그는 못해. 그는 런던 출신이야. 그는 영어만 말해.

A: I w**a**s in R**u**ssia **o**nce, and I l**o**ved it.

나는 러시아에 있었던 적이 있어. 그리고 러시아어를 좋아했어.

4. A: Wh**a**t are you doing on S**u**nday?

너 일요일에 뭐 할 거니?

B: N**o**thing m**u**ch. I'm j**u**st going for a r**u**n.

별일 없어. (운동으로) 달리기를 할 거야.

A: I'm having br**u**nch with my m**o**ther. Would you like to c**o**me with **u**s?

나는 어머니와 함께 브런취(아침 겸 점심)를 먹을 거야. 우리랑 같이 갈래?

B: That sounds w**o**nderful.

그거 좋지.

5. A: How's your y**ou**nger br**o**ther?

네 동생 어떻게 지내니?

B: Great. He's visiting **u**s with his s**o**n.

아주 잘 지내. 그는 자기 아들과 함께 우리를 방문할 예정이야.

A: Are they staying for the whole s<u>u</u>mmer?

그들은 여름 내내 머무를 거니?

B: No, j<u>u</u>st <u>u</u>ntil next M<u>o</u>nday.

아니, 다음 주 월요일까지 만 머무를 거야.

Sentence Pairs for Practice

아래 짝지어진 문장은 한 단어만 빼고 같습니다. 앞 문장에는 /ɑ/소리가 들어 있고, 두 번째 문장에는 /ə/소리가 포함되어 있습니다. 잘 듣고 문장을 따라 읽으며 연습해 보세요.

/ɑ/	/ə/
1. You have a good **lock.** 당신은 좋은 자물쇠가 있네요.	You have good **luck.** 당신은 운이 좋아요.
2. Where is that **cop?** 경찰 어디 있어?	Where is that **cup?** 어디에 컵이 있어?
3. I **shot** it. 나는 그것을 쏘았다.	I **shut** it. 나는 그것을 닫았다.
4. He's a big **boss.** 그는 사장이다.	It's a big **bus.** 그건 큰 버스야.
5. This is **Don.** 이 사람은 Don입니다.	This is **done.** 이 일은 끝났다.

  Study Tip

o자가 있는 단어는 그 o를 발음하는 세 가지 다른 방법이 있기 때문에 혼란스럽습니다. 여기 발음 실수를 피하기 위한 세 가지 조언이 있습니다.

1. 여러분이 가장 자주 사용하는 단어를 기억하세요.
2. 원어민의 말을 듣는 것을 연습하세요.
3. 의문이 생기면 사전을 확인하세요.

Three Different Ways to Pronounce the *O*

o를 발음하는 세 가지 다른 방법

철자 o는 love의 /ə/, lock의 /ɑ/나 post의 /oʊ/로 발음될 수 있다는 것을 기억하세요. 철자 o가 들어 있는 서로 다른 세 가지로 발음되는 단어를 잘 듣고 따라해 보세요.

Words for Practice

/ə/	/ɑ/	/oʊ/
1. come 오다	comma 콤마	coma 혼수상태
2. company 회사	common 흔한	cold 추운
3. cover 덮다	college 대학	comb 빗
4. done 완료된	dot 점	donor 기부자
5. love 사랑	lock 자물쇠	local 지역의
6. money 돈	modern 현대의	mobile 이동하는
7. month 월	mom 엄마	moment 순간
8. mother 어머니	model 모델	motor 자동차
9. some 약간의	soccer 축구	social 사회적인
10. tongue 허	top 꼭대기	told tell의 과거/과거분사형

Review of /æ/ versus /ə/

/æ/와 /ɛ/의 복습

흔히 혼동하기 쉬운 두 소리가 /æ/와 /ə/입니다. 이 모음 소리 중 어떤 소리도 대부분의 언어에는 없으며, 많은 원어민이 아닌 사람들이 두 자음 다 /ɑ/로 잘못 발음합니다. 예를 들면, 그들은 **ran**과 **run**을 둘 다 '**raaan**'으로 발음합니다. 이 흔한 실수를 바로잡기 위해 연습해보세요.

Word Pairs for Practice

각 쌍의 두 단어는 서로 다른 모음 소리로 발음되므로 주의하세요. 다음 단어를 들으며 연습해 보세요.

	/æ/	/ə/
1.	ankle 발목	uncle 삼촌
2.	bat 박쥐	but 그러나
3.	began begin의 과거형	begun begin의 과거분사형
4.	cap 모자	cop 경찰
5.	cat 고양이	cut 자르다
6.	crash 사고	crush 으스레[쭈그려]뜨리다
7.	drank drink의 과거형	drunk drink의 과거분사형
8.	fan 팬	fun 재미
9.	lack 부족(하다)	luck 행운
10.	match 경기	much 매우
11.	ran run의 과거형	run 달리다
12.	sang sing의 과거형	sung sing의 과거분사형

13. staff   stuff
    직원   겟[것들], 물건

14. swam   swum
    swim의 과거형   swim의 과거분사형

Word Pairs in Sentences

다른 모음 소리를 가진 두 개의 비슷한 소리가 나는 단어를 발음하는 것에 주의하세요. 하나는 /æ/, 하나는 /ə/ 입니다. 다음 문장을 잘 듣고 따라 읽으며 연습해 보세요.

1. The **cop** is wearing a **cap**.
   경찰관이 모자를 쓰고 있다.

2. That **stuff** is for the **staff**.
   그것들은 직원용이다.

3. My **uncle** sprained his **ankle**.
   삼촌은 발목을 삐셨다.

4. It's **fun** to meet the **fans**.
   팬들을 만나는 것은 재미있다.

5. He got **drunk** because he **drank** a lot.
   그는 술을 많이 마셨기 때문에 취했다.

6. The tennis **match** was so **much** fun.
   그 테니스 경기는 매우 재미있었다.

7. Give me **back** my ten **bucks**.
   내 돈 10달러를 돌려다오.

The American /ɔ/ Sound

미국 영어의 /ɔ/소리

미국 영어에서 **caught**와 **all**에서 나는 /ɔ/소리는 **want**나 **hot**에서 나는 /ɑ/소리와 아주 비슷합니다. 사실 이 /ɔ/와 /ɑ/는 미국 여러 지역에서 너무나 흡사하게 발음되기 때문에, 일부 언어학자들은 이 두 소리가 같은 것 이라는 주장까지 하고 있습니다. 그러므로 우리가 공부를 같이 해 나가는 동안 이 두 가지 모음을 분명하게 구별할 수 없다 하더라도 걱정하지 않아도 됩니다. 영어를 모국어로 하는 많은 원어민들도 역시 구별하지 못하니까요.

 ⚠️ **Warning: Common Mistake**

여러분이 만약 미국이 아닌 곳에서 영어를 배웠다면, 영국식 발음을 배웠을 수도 있습니다. 모음 소리에서 미국 영어와 영국 영어의 가장 큰 차이점은 바로 이 /ɔ/소리입니다. 영국식 영어에서는 이 소리가 거의 /oʊ/소리처럼 훨씬 더 원순음(圓脣音)에 가깝게 발음됩니다. **coat**와 **caught**의 발음은 영국 영어에서는 거의 비슷하게 나지만, 여러분들이 배운 바와 같이 미국 영어에서는 아주 다릅니다. 아래에서 /ɔ/와 /oʊ/소리의 차이를 연습해 볼 것입니다.

Sentence Pairs for Practice

다음 짝지어진 문장은 거의 같고 한 단어만 다릅니다. 앞 문장에는 /ɔ/소리가 포함되어 있고, 두 번째 문장에는 /oʊ/소리가 들어 있습니다. 잘 듣고 따라 읽으며 구별할 수 있도록 연습해 보세요.

/ɔ/	/oʊ/
A.	B.

1. He's a **bald** man.
   그는 대머리인 남자다.

   He's a **bold** man.
   그는 대담한 남자다.

2. Where is the **ball**?
   공이 어디 있지?

   Where is the **bowl**?
   대접이 어디 있지?

3. That's a big **hall**.
   저것은 큰 홀이다.

   That's a big **hole**.
   저것은 큰 구멍이다.

4. Don't **pause** now.
   지금 쉬지 마.

   Don't **pose** now.
   지금 자세잡지 마.

5. I have a big **lawn**.
   나는 넓은 잔디밭이 있어.

   I have a big **loan**.
   나는 큰 빚이 있어.

Word Pairs in Sentences

다음 문장에 포함된 두 단어의 /ɔ/와 /oʊ/ 발음을 연습해 보세요.

1. I **bought** a new **boat**.
   나는 새 보트를 샀다.

2. There is a **ball** in the **bowl**.

대접에 공이 들어 있네.

3. Did you **call** about the **coal**?

   석탄에 대해서 전화했어요?

4. You **ought** to eat **oats**.

   너는 귀리를 먹어야 해.

5. I was **awed** that he **owed** so much.

   나는 그가 너무 빚을 많이 져서 무서웠다.

Practice Sentences

다음 문장을 들으며 연습해 보세요.

1. We <u>a</u>ll th<u>ough</u>t that J<u>oe</u> went to R<u>o</u>me.

   우리는 모두 조가 로마에 갔다고 생각했다.

2. I b<u>ough</u>t some cl<u>o</u>thes at the m<u>a</u>ll.

   나는 쇼핑몰에서 옷 몇 벌을 샀다.

3. The <u>au</u>dience appl<u>au</u>ded when the sh<u>ow</u> was <u>o</u>ver.

   청중은 쇼가 끝나자 박수갈채를 보냈다.

4. P<u>au</u>l is g<u>o</u>ing h<u>o</u>me in <u>Au</u>gust.

   폴은 8월에 집에 갈 것이다.

5. We're g<u>o</u>ing for a w<u>a</u>lk even th<u>ough</u> it's c<u>o</u>ld.

   우리는 날씨가 추운데도 산책을 나갈 것이다.

6. The <u>au</u>thor wr<u>o</u>te his <u>au</u>tobiography.

   그 저자는 그의 자서전을 썼다.

 Study Tip

혹시 미국인들이 여러분들의 모국어를 말하는 것을 들어본 적이 있나요? 그럼 그 사람들의 악센트를 흉내내 보세요. 그렇게 하면 미국인들의 입의 움직임과 소리를 느껴볼 수 있을 것입니다. 예를 들어, 미국인들이 스페인어를 말할 때, 스페인어의 **o**발음을 /oʊ/발음으로 늘려서 한다는 것을 눈치챌 수 있을 것입니다. "**Hola amigo**"를 "**oula amigou**"라고 발음하곤 하지요. 그와 비슷하게, "**my friends Ricardo and Roberto**"를 "**my friends Ricardou and Robertou**"라고 합니다. 이와 흡사한 모음의 변화가 미국인들이 프랑스어를 말할 때에도 종종 나타납니다. 그냥 /ɛ/발음을 /eɪ/로 늘어지게 발음합니다. "**Je vais au marche.**(나는 시장에 간다.)"를 "**Je veiii au marcheiii.**"로 발음하지요. 그러므로 여러분들은 영어로 말할 때, 이러한 모음을 그런 식으로 늘어지게 끌어주세요. 그러면 미국식 발음을 옳게 하고 있는 겁니다.

Review of /ɛ/, /æ/, /ɑ/, /ɔ/, /ə/ and /oʊ/

/ɛ/, /æ/, /ɑ/, /ɔ/, /ə/, /oʊ/소리의 복습

아래 인용문은 **Mother Theresa**의 말입니다. 여기에는 우리가 방금 공부한 모든 모음이 다 들어 있지요. 인용문은 두 번 듣게 됩니다. 처음에는 그냥 들으면서 모음 소리들의 차이를 구별해 보세요. 두 번째 들을 때는 문장을 따라 읽으며 연습해 보세요.

/oʊ/ /ɑ/   /ɑ/   /ɛ/   /æ/ /æ/   /ə/
"I kn<u>ow</u> G<u>o</u>d will n<u>o</u>t give me <u>a</u>nything I c<u>a</u>n't h<u>a</u>ndle. I j<u>u</u>st wish th<u>a</u>t He didn't

/ə/   /oʊ/ /ə/
tr<u>u</u>st me with s<u>o</u> m<u>u</u>ch."

"나는 하느님께서 내가 할 수 없는 것은 그 어떤 것도 맡기지 않으신다는 점을 알고 있습니다. 나는 그저 그 분께서 너무 나를 믿거니 하시지 않기를 바랄 뿐이지요."

우리가 지금까지 배운 모음 발음들을 살펴봅시다. 아래 단어들은 /ɛ/, /æ/, /ɑ/, /ɔ/, /ə/, /oʊ/로 소리나는 모음이 들어 있습니다. 소리 내어 발음하며 연습해 봅시다.

/ɛ/	/æ/	/ɑ, ɔ/	/ə/	/oʊ/
kept	cap	cop	cup	cope
kettle	cat	cot	cut	coat
best	bass	boss	bus	boast
shell	shadow	Shawn	shun	shown
leg	lack	lock	luck	low
net	gnat	not	nut	note
bet	bat	bought	but	boat
lend	land	lawn	London	loan

The Problematic /ʊ/ Sound

까다로운 /ʊ/소리

/ʊ/소리는 영어가 모국어가 아닌 많은 사람들에게 매우 어려울 수 있습니다. 학습자들은 그 소리를 /u/소리로 종종 혼동합니다. 예를 들면, 그들은 **book**이나 **foot**를 **boot**나 **food**의 모음과 같은 모음으로 잘못 발음합니다. **foot**의 /ʊ/소리는 대부분의 학습자들에게 친숙한데, 그 소리는 대부분의 언어에 있기 때문입니다. 하지

만 **good**이나 **food**의 중성음이면서 긴장이 풀린 소리인 /ʊ/소리는 종종 더 연습할 필요가 있습니다. 이 두 소리는 둘 다 종종 철자 oo로 쓰이기 때문에 특히 혼동됩니다.

매우 흔히 사용하는 몇몇 영어 단어들이 어려운 /ʊ/소리로 발음되지만, 다행스럽게도 그렇게 많은 단어가 없습니다. 따라서 그것들을 외워두시기를 권합니다. 아래에는 일정한 철자 패턴으로 이루어진 /ʊ/소리로 발음되는 가장 흔한 단어들이 있습니다.

 Memorize these Words

 철자 oo로 된 가장 흔한 /ʊ/로 소리 나는 단어

adulthood	football	shook
book	good	stood
childhood	hood	took
cook	hook	understood
cookie	look	wood
foot	neighborhood	wool

 철자 u로 된 가장 흔한 /ʊ/로 소리 나는 단어

bull	bush	full	push	sugar
bullet	butcher	pull	put	

 철자 ould가 /ʊ/로 소리 나는 단어

could	should	would

 철자 o가 /ʊ/로 소리 나는 단어

wolf	woman

Review of /ʊ/ and /u/ Sounds

/ʊ/와 /u/소리의 복습

/ʊ/와 /u/소리를 비교해 보면, 단모음 /ʊ/는 입술에 거의 힘을 안 주고 그저 살짝 동그랗게 내는 긴장이 풀린 소리인데 반해, 장모음 /u/는 대조적으로 긴장된 소리입니다. 이 소리는 입술이 둥글게 되고 긴장이 되어야 나옵니다.

Sentence Pairs for Practice

다음 각 쌍의 굵은 글씨체에 주의하여 들으며 연습해 보세요.

/u/	/ʊ/
A.	B.

1. Are you a **fool**?
   너는 바보니?

   Are you **full**?
   너는 배부르니?

2. Take care of that **food**.
   그 음식에 주의하세요

   Take care of that **foot**.
   그 발을 조심하세요.

3. I bought some new **boot**s.
   나는 새 부츠를 몇 켤레 샀다

   I bought some new **book**s.
   나는 새 책을 몇 권 샀다.

4. This is a **cool** book.
   이것은 멋진 책이다.

   This is a **cook**book.
   이것은 요리책이다.

5. We need a **pool**.
   우리는 풀장이 필요하다.

   We need to **pull**.
   우리는 당겨야 한다.

6. Where is the **shoe**?
   신발이 어디 있니?

   Where is the **sugar**?
   설탕이 어디 있니?

Practice Dialogues

다음 대화를 들으며 연습해 보세요.

1. A: Will you start to c<u>oo</u>k s<u>oo</u>n? 금방 요리 시작할 거에요?

   B: No, I am still t<u>oo</u> f<u>u</u>ll to think of f<u>oo</u>d. 아뇨, 난 음식을 생각하기에는 아직 너무 배가 부르네요.

2. A: Wh<u>o</u> t<u>oo</u>k my c<u>oo</u>kie? 누가 내 쿠키를 가져갔어요?

   B: Don't l<u>oo</u>k at me. 날 바라보지 마세요.

3. A: You sh<u>ou</u>ld have had some s<u>ou</u>p. It's so g<u>oo</u>d. 수프를 좀 드셔야 했어요. 아주 괜찮은데요.

    B: No thanks, I'm really f<u>u</u>ll. 감사하지만 됐습니다. 난 아주 배가 불러요.

4. A: He's f<u>oo</u>lish to walk in the w<u>oo</u>ds by himself. 그는 혼자서 숲속을 걸을 만큼 멍청이라고요.

    B: Yes. There are a lot of w<u>o</u>lves in those w<u>oo</u>ds. 그래요. 그 숲에는 늑대가 얼마나 많은데요.

    A: I think that w<u>o</u>lves howl when the m<u>oo</u>n is f<u>u</u>ll. 보름달이 뜨면 늑대들이 울부짖을 거예요.

    B: Is that really tr<u>ue</u>? 그게 정말이에요?

5. A: Do you like my n<u>ew</u> b<u>oo</u>ts? 내 새 부츠 괜찮아요?

    B: Yes, they're c<u>oo</u>l. 예, 멋지군요.

    A: And take a l<u>oo</u>k at my bl<u>ue</u> s<u>ui</u>t. It's made of w<u>oo</u>l.
    그리고 이 파란 내 양복 좀 보세요. 울 제품이랍니다.

    B: To tell you the tr<u>u</u>th, I w<u>ou</u>ldn't wear the bl<u>ue</u> s<u>ui</u>t if I were y<u>ou</u>.
    솔직이 말하자면, 내가 당신이라면 파란 양복은 입지 않겠어요.

    A: Don't you think it l<u>oo</u>ks g<u>oo</u>d on me? 이 옷이 나한테 잘 어울리지 않나요?

    B: I think you sh<u>ou</u>ld return it. 그 옷 되돌려주어야 할 것 같군요.

    A: And I think you sh<u>ou</u>ldn't be so r<u>u</u>de! 당신이 그렇게 무례한 말은 하지 말아야 할 것 같군요!

Comparing /u/ and /yu/

/u/와 /yu/소리의 비교 : 우리나라 사전에서는 /y/를 [j]로 표기한다.

철자 u가 들어간 단어 가운데 어떤 것들은 영국식 발음과 미국식 발음이 다릅니다. 예를 들어 영국사람들 가운데 일부는 종종 /u/소리를 내기 전에 /y/소리를 덧붙여서 냅니다. 모국에서 영국식 영어를 배운 학생들은 미국인들이 **Tuesday**를 영국식으로 **T+youz–day**(튜즈데이)라고 하지 않고 **Tooz–day**(투즈데이)라고 발음하는 것을 보고는 많이들 놀라워합니다. 그와 흡사하게, 그들은 **tune**을 **t+you+n**(튠)이라고 배웠을지도 모르지만 미국사람들은 **toon**(툰)이라고 발음합니다.

Words for Practice

다음 단어들은 철자 u를 포함하는 자주 쓰이는 것들입니다. 여기에 들어간 u는 /yu/로 발음되지 않고 /u/로 발음됩니다. 예를 들어 **student**는 /stuydənt/로 발음하지 말고 /studənt/로 발음해야 합니다. 다음 단어를 들으며 연습해 보세요.

attit<u>u</u>de	grat<u>i</u>t<u>u</u>de	red<u>u</u>ce	st<u>u</u>pid	T<u>u</u>esday
cost<u>u</u>me	introd<u>u</u>ce	sed<u>u</u>ce	st<u>u</u>dent	t<u>u</u>mor
d<u>ue</u>	opport<u>u</u>nity	solit<u>u</u>de	st<u>u</u>dio	t<u>u</u>ne
d<u>u</u>ty	prod<u>u</u>ce	St<u>e</u>wart	t<u>u</u>be	t<u>u</u>tor

Practice Sentences

다음 문장을 들으며 연습해 보세요.

1. It's your d<u>u</u>ty to prod<u>u</u>ce it by T<u>u</u>esday.

   화요일까지 그것을 만들어내는 것이 당신의 의무입니다.

2. Those st<u>u</u>dents like iT<u>u</u>nes and YouT<u>u</u>be.

   저 학생들은 아이튠과 유튜브를 좋아합니다.

3. May I introd<u>u</u>ce you to my t<u>u</u>tor?

   당신을 저의 선생님께 소개시켜도 될까요?

4. The prod<u>u</u>cer is in the st<u>u</u>dio working on a new t<u>u</u>ne.

   프로듀서는 스튜디오에서 새로운 튠으로 작업하고 있다.

5. I assume that it's d<u>ue</u> on T<u>u</u>esday.

   나는 그것을 화요일까지 해야 할 거라고 생각한다.

6. That's a st<u>u</u>pid attit<u>u</u>de, St<u>e</u>wart.

   스튜어트, 그것 참 바보 같은 태도구나.

Review of the /ɚr/ Sound

/ɚr/소리의 복습

The w<u>or</u>ld breaks everyone, and afterw<u>ar</u>d,
some are strong in the broken places.

세상은 모든 것을 부숴버리는데, 그 후에 일부는 부서진 곳이 더 강하다.

Ernest Hemingway

work, turn, bird, early 등은 모두 다른 모음이지만 그 모음의 발음은 같습니다. 이는 모음 뒤에 r이 오면서 자주 나타나는 현상입니다. 소리는 모두 /ər/라고 납니다. 네이티브 스피커가 아닌 사람들은 때때로 철자 그대로 읽고 싶은 유혹을 느끼게 됩니다. 그래서 work를 were+k(워크)로 읽지 않고, wore+k(오크)로 발음하고, turn을 two+rn(툰)으로 발음하는 실수를 범하게 됩니다. 심지어는 bird를 beer+d(비어드)라고 발음하는 경우도 있습니다.

Words for Practice

다음 /ər/소리가 나는 단어들을 소리내어 읽어보세요. 철자가 바뀌어도 모음의 발음이 바뀌지 않는다는 점을 명심하세요.

	er	ear	ir	or	ur
1.	her	early	circle	work	turn
2.	serve	earth	dirt	worry	curly
3.	verb	earn	first	worse	burn
4.	were	heard	girl	worm	Thursday
5.	nerd	learn	birthday	world	hurt

Practice Sentences

다음 문장을 들으며 연습해 보세요.

1. What were the first words that she learned?
   그녀가 처음으로 배운 말들은 어떤 것들이었습니까?

2. I will learn the German verbs by Thursday.
   나는 목요일까지 독일어 동사를 배울 것이다.

3. It's too early to serve dessert.
   디저트를 내놓기에는 너무 이르지요.

4. The third version is worse than the first.
   세 번째 판은 첫 번째 판보다 더 나쁘다.

5. It's not worth worrying about another birthday.
   다른 생일에 대해서는 걱정할 필요가 없습니다.

6. I heard some curse words at work.

나는 일터에서 저주하는 소리를 들었다.

7. They weren't certain that the Earth circles the sun.

그들은 지구가 태양을 돈다는 사실을 확신하지 않았다.

Vowels Followed by the /r/ Sound

/r/소리 앞의 모음

모음은 뒤에 r이 따라올 때 발음 특성이 바뀔 때가 종종 있습니다. 특정한 모음 뒤에 가벼운 /ə/소리가 추가되는 경우가 그렇습니다. 이 경우에는 단어에 거의 한 음절이 더 추가된 것 같은 소리가 납니다. 예를 들어, **fire**는 "**fai+r**"가 아니라 "**fai+/ə/+r**"로 소리가 납니다.

Words for Practice

다음 단어들을 소리내어 따라 읽어 보세요. /r/소리 앞에 /ə/소리가 추가됩니다.

/iər/	/ɑər/	/aʊər/	/aiər/	/oʊər/	/ɛər/
fear	far	hour	hire	four	hair
near	star	sour	tired	tore	there
hear	hard	power	expire	more	care
clear	large	flower	Ireland	bored	stairs

Practice Sentences

다음 문장을 들으며 연습해 보세요.

1. Take the stairs in case of fire.

불이 나는 경우에는 계단을 이용하세요.

2. The employer is hiring and firing.

그 고용주는 채용과 해고를 하고 있다.

3. I h<u>ear</u> that it exp<u>ir</u>ed on the f<u>our</u>th.

나는 그것이 4일에 만료되었다고 알고 있다.

4. I can's aff<u>or</u>d to shop in that st<u>ore</u>.

나는 그 가게에서 물건을 살 만큼의 여유가 없다.

5. I am n<u>ear</u> the cash<u>ier</u> by the st<u>air</u>s.

나는 계단 옆에 있는 계산원 근처에 있어.

6. How f<u>ar</u> is <u>Ir</u>eland from h<u>ere</u>?

아일랜드가 여기에서 얼마나 멀지요?

Chapter

03

CONSONANTS

자음

CONSONANTS

자음

이 장에서는 미국 영어의 모든 자음을 어떻게 발음하는지를 배우게 될 것입니다. 자음이 어떻게 발음되는지에 대해 좀더 근본적으로 알고 싶다면 먼저 이 장을 공부하는 것이 좋습니다. 그렇지 않다면 발음하기 어려운 자음들을 다루는 다음 장으로 곧바로 건너뛰어도 괜찮습니다. 거기에서 외국인들이 발음하기 어려운 발음들을 연습하십시오. 또 이 책의 끝부분에 나오는 "Native Language Guide"를 꼭 참고하십시오. 여러분들이 이 장과 다음 장에서 어떤 자음 발음에 집중해야 하는지를 알려줄 것입니다.

Forming American Consonants

미국 영어 자음의 발성

여러분이 모국어가 아닌 다른 언어의 악센트를 배우고 있다면, 우리 입의 기관들이 어떻게 함께 움직이면서 소리를 만들어내는지를 알 필요가 있습니다. 영어를 말할 때 네이티브 스피커와 다른 악센트를 내는 이유는 여러분의 혀와 입술의 움직임이 네이티브 스피커와 다르기 때문입니다.

자음은 목안에서 나오는 공기의 흐름이 입술이나 혀에 의해 막히면서 발생되는 소리입니다. 이러한 막힘은 입안의 여러 곳에서 일어날 수 있고, 그것이 일어날 수 있는 장소를 소리가 만들어지는 지점, 즉 조음점(points of articulation)이라고 부릅니다. 조음점은 입속의 한 부분이 다른 부분과 접촉하는 지점이 됩니다. 예를 들어 (p로철자되는) /p/소리를 내려면 입술이 함께 모여 닫히게 됩니다. 이 경우 접촉의 지점은 두 입술이 됩니다. (b로철자되는) /b/소리 또한 /m/소리와 마찬가지로 입술이 맞닿으면서 납니다.

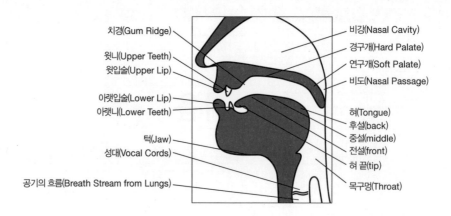

종종 접촉점, 즉 조음점은 혀끝이 윗니의 뒤쪽에 닿으면서 생기는데, 이때 조음점은 흔히 치경(gum ridge)이라고 부르는 윗니의 뒤쪽 잇몸의 두둑하게 솟은 부분이 됩니다. 이곳에서 나는 소리로는 /t/, /d/, /n/, /l/소리가있습니다. 또 다른 조음점으로 /g/나 /k/소리는 혀의 뒷부분이 입의 목구멍 가까이 안쪽에 닿으면서 생깁니다. 여러분은 입속 각 부분의 공식적인 명칭을 알 필요는 없지만, 조음점이 어디인지는 알아두어야 할 필요가 있습니다. 왼쪽의 그림은 입속의 구조를 이해하는 데 도움이 될 것입니다.

Voiceless and Voiced Consonants

무성자음과 유성자음

자음을 분류하는 한 방식은 그것이 무성음(voiceless)이냐 유성음(voiced)이냐에 따라 분류하는 것입니다. 이 두 유형의 차이를 아는 것은 중요한데, 왜냐하면 자음의 바로 앞에 있는 모음의 길이는 뒤따르는 자음이 유성음이냐 무성음이냐에 따라 정해지기 때문입니다. 이것에 대해서는 이 장의 뒷부분에서 배우게 될 것입니다. 또한 소리가 무성음인가 유성음인가를 아는 것은 단어의 끝에 붙는 -ed나 -s를 옳게 발음하는 데도 필요합니다. 이것에 관해서는 다음 장에서 자세히 배울 것입니다.

먼저, 어떤 자음이 유성음인지 무성음인지 어떻게 구별하는지를 배워봅시다. 여러분의 손가락을 목의 전면 중간 부분에 대십시오. 이제 zoo의 /z/소리를 발음해 보세요. 이제 그 발음을 길게 내 보십시오: zzzzzz~. 여러분의 성대에 떨림이 느껴질 것입니다. 이것은 /z/소리가 유성음이라는 것을 알려주는 것입니다. 이제 똑 같이 해서 sat의 /s/소리를 발음해 보고, 길게 끌어 보세요: ssssss~. 이번에는 성대에서 떨림이 없을 것입니다. 따라서 이 자음은 무성음입니다. 그것이 전부입니다. /z/소리나 /s/소리 모두 혀와 입술의 위치는 같습니다. 이 둘의 차이는 단지 성대의 떨림이 있느냐 없느냐의 차이입니다. 다음 표에 짝지어진 다른 자음들도 성대의 울림이 있느냐 없느냐를 빼고는 똑 같은 방식으로 발음이 됩니다.

Voiceless and Voiced Consonant Pairs

무성자음과 유성자음의 비교

무성자음 (성대가 떨리지 않는다)		유성자음 (성대가 떨린다)		소리가 나는 방식
/p/	pet rope	/b/	bet robe	먼저 입술을 완전히 닫고 나서 재빨리 살짝 벌리며 약간의 공기를 내보낸다.
/t/	ten seat	/d/	den seed	혀의 끝에 약간의 긴장을 줘서 윗니 뒷부분 잇몸(치경)에 완전히 댄 다음 잇몸에서 뗀다.

/k/	class back	/g/	glass bag	혀의 뒷부분이 입 뒤쪽인 연구개를 눌렀다가 뗀다.
/f/	fault leaf	/v/	vault leave	아랫입술이 윗니에 살짝 닿는다. 발성된 공기의 흐름으로 입술의 떨림이 발생한다.
/θ/	thank breath	/ð/	this breathe	혀끝이 앞니 뒤쪽 혹은 끝에 닿고, 공기가 혀와 이 사이로 나온다.
/s/	sink price	/z/	zinc prize	혀의 양 옆이 윗니 중후반부에 닿는다. 혀의 끝은 약간 낮게 위치하고, 공기가 혀의 가운데 부분으로 나온다.
/ʃ/	pressure wish	/ʒ/	pleasure massage	혀의 끝은 낮게 위치하고, 혀의 양 옆이 윗니 양옆쪽에 댄다. 공기는 혀 가운데로 나온다.
/tʃ/	choke rich	/dʒ/	joke ridge	혀의 끝은 낮게 위치하고, 혀의 양옆이 윗니 양옆쪽에 댄다. 혀끝을 빠르게 윗니 뒤쪽 잇몸(치경)에 대었다가 뗀다.

More Voiced Consonants

그 밖의 유성음

자 이제, 나머지 영어 자음 소리를 살펴봅시다. 이 자음들은 모두 유성음이지만 그것들은 해당하는 쌍의 무성음이 없습니다. 여러분이 그 소리를 낼 때 성대의 떨림을 느끼게 된다는 것을 명심하십시오.

/m/	mom from lemon	입술은 다문다. 공기는 코로 흘러나온다.
/n/	non fun any	혀끝이 윗니 뒤쪽 잇몸(치경)에 닿는다. 그리고 혀의 양옆쪽이 윗니에 닿고, 공기는 코로 흘러나온다.
/ŋ/	going spring king	혀의 뒤쪽이 연구개에 닿는다. 공기는 코로 나온다.
/l/	love will yellow	혀는 긴장된 상태로 허끝이 윗니 뒤쪽 잇몸(치경)에 닿는다. 공기는 입안 구석에서 혀 양옆쪽으로 나온다.
/r/	red four card	이 발음을 하는 데는 두 가지 방법이 있다. 1. 혀끝을 조금 구부리고 나서 뒤로 약간 끌어 당겨준다. 2. 혀끝을 낮게 하고, 혀 가운데를 경구개에 댄다.

| /w/ | win
lower
quiet | **moon**의 모음 /ㅜ/소리를 낼 때처럼 입술을 동그랗게 오므린다. 공기가 입술로 나온다. 혀는 /w/소리 다음에 오는 모음을 내는 위치로 간다. |
| /y/ | yes
mayor
young | 혀끝이 아랫니 앞쪽에 닿는다. 혀 앞쪽을 경구개 가까이로 올린다. |

The Consonant /h/

자음 /h/

마지막으로 /h/가 있습니다. 이것은 무성음이지만 그에 상응하는 유성음이 없습니다.

| /h/ | happy
behave
who | 성대는 긴장된 상태로 좁아지고, 공기가 입 뒤쪽에서 흘러나올 때 혀의 뒤쪽이 목구멍 쪽으로 밀리면서 마찰음이 나오게 된다. |

Vowel Length and Voiced and Voiceless Consonants

모음의 길이와 유성자음과 무성자음

모음 뒤에 유성자음이 오면 모음은 길게 발음됩니다. 모음 뒤에 무성자음이 올 때는 더 짧게 발음됩니다. /ɪ/, /ɛ/, /ə/, /ʊ/와 같은 짧은 모음들도 뒤에 유성자음이 오면 길게 발음됩니다.

> **Warning: Common Mistake**
>
> 모음을 길게 발음한다고 해서 그 모음의 소리를 바꾸지는 마십시오. 예를 들어 **hid**(hide의 과거)를 발음할 때 **heed**와 똑같이 발음을 해서는 안 됩니다.

Word Pairs for Practice

다음 표에 짝지어진 단어 중 앞의 것은 무성음으로 끝나고, 뒤의 것은 유성음으로 끝납니다. 모음의 길이를 주의해 들으며 따라해 보세요.

voiceless 무성음	voiced 유성음		voiceless 무성음	voiced 유성음
/s/	/z/		/t/	/d/
1. advice	advise	4. mate	made
2. ice	eyes	5. hat	had
3. niece	knees	6. bet	bed
/f/	/v/		/k/	/g/
7. half	have	10. back	bag
8. life	live	11. dock	dog
9. belief	believe	12. duck	Doug

Practice Sentences

다음 짝지어진 문장 중 첫 번째 것은 무성음으로 끝나는 단어가 들어 있고, 두 번째 것은 유성음으로 끝나는 것이 있습니다. 무성음과 유성음의 차이를 연습해 보세요.

voiceless 무성음

1. My wallet is in the **back**.
   내 지갑은 뒤에 있어.

2. I saw five **bucks** on the floor.
   나는 마루 위에 있는 5달러를 보았다.

3. He has blue **ice**.
   그는 파란 얼음을 가지고 있다.

4. I heard about the **lice**.
   나는 이에 대한 얘기를 들었다.

voiced 유성음

My wallet is in the **bag**.
내 지갑은 가방에 있어.

I saw five **bugs** on the floor.
나는 마루 위에서 다섯 마리의 곤충을 보았다.

He has blue **eyes**.
그는 파란 눈이다.

I heard about the **lies**.
나는 거짓말에 대해 들었다.

Word Pairs in Sentences

다음 문장을 들으며 연습해 보세요.

1. He told me **lies** about the **lice**.
   그는 내게 이에 관한 거짓말을 했다.

2. His **eyes** are **ice** cold.
   그의 눈은 얼음처럼 차갑다.

3. There was a **buzz** in the **bus**.

버스 안에 웅성거리는 소리가 난다.

4. The **dog** is on the **dock**.

그 개는 부두 위에 있다.

Stops and Continuants

폐쇄음과 연속음

자음을 분류하는 데는 유성음과 무성음으로 나누는 것 외에도 또 하나의 중요한 분류 방법이 있습니다. 자음은 공기의 흐름이 멈추느냐 계속되느냐에 따라 폐쇄음(**stops**)과 연속음(**continuants**)으로 나뉩니다. 예를 들어 /s/소리는 "**yesssssss~**"라고 말할 때처럼 길게 늘일 수 있습니다. 이때 /s/소리는 폐 속에 공기가 남아 있는 한 계속해서 낼 수 있기 때문에 연속음으로 분류됩니다. 그에 반해 "**job**"이라는 단어를 말해 보세요. 이때에는 마지막 자음 /b/를 계속해서 소리낼 수가 없습니다. 입술을 닫아서 공기의 흐름을 막아야 하기 때문입니다. 그래서 /b/는 폐쇄음입니다. 만약 이때 입술을 재빨리 열면 폐쇄음을 '개방(**release**)'한다'고 하며, 그러면 "**jo-b**(자브)"라고 발음하게 됩니다.

Holding Final Stops

마지막 폐쇄음 멈추기

일반적으로 미국사람들은 많은 경우 마지막에 오는 폐쇄음을 개방하지 않습니다. 예를 들어 **stop**에 있는 /p/소리를 발음할 때 입술은 닫힌 채로 있습니다. 공기가 입 밖으로 나오지 않습니다. 이는 거의 소리가 나지 않는 /p/이거나, 기껏해야 절반의 /p/소리입니다. 우리는 /p/소리가 그 자리에 있다는 것은 알고 있으나 실제로 들리지는 않습니다. 입술이 열리면, 공기가 조금이라도 나올 것입니다.

또 다른 폐쇄음인 /g/소리를 봅시다. **big**을 발음할 때는 "빅"이라고 해야지 "**bi-g**(비그)"라고 말하지 마십시오. 마지막 /g/소리에서 멈춰야 합니다. 발음을 마친 뒤에 여러분의 혀는 입속 뒤쪽을 막고 그대로 있어야 한다는 것을 명심하십시오.

Words for Practice

다음 각 칸의 단어를 발음할 때 마지막 자음에 주의하면서 듣고 따라해 보세요.

	폐쇄음 p로 끝난 단어	폐쇄음 b로 끝난 단어	폐쇄음 d로 끝난 단어	폐쇄음 t로 끝난 단어
1.	stop	club	married	that
2.	cup	job	played	sat
3.	up	sub	sad	it
4.	shop	tub	dad	cut

Final Stops Followed by Consonants

마지막 폐쇄음 뒤에 자음이 올 때

같은 문장 안에서 뒤에 오는 단어가 자음으로 시작하는 경우, 마지막 폐쇄음은 언제나 개방하지 않고 닫힌 채로 마무리합니다. 그렇지만 단어의 마지막에 위치하는 폐쇄음도 문장의 끝에 놓일 때는 훨씬 자유롭습니다. 마지막 폐쇄음은 닫힐 수도 있고, 개방될 수도 있습니다. 예를 들어 "**The house is bi-g**(비–그)."처럼 개방하기도 하고, "**The house is big**(빅)."처럼 닫힌 채로 마무리하기도 합니다. 그러나 "**This is a big**(비–그) **house.**"라고 해서는 안 됩니다. 대신에 **big**을 닫힌 채로 "**This is a big**(빅) **house.**"라고 발음해야 합니다.

Word Pairs for Practice

다음 짝지어진 단어를 들으며 연습해 보세요. 각 쌍에서 첫 단어의 마지막 자음인 폐쇄음이 개방되어서는 안 됩니다.

1. help him
2. keep talking
3. did that
4. could go
5. stop that
6. job market
7. big park
8. cup cake

마지막에 오는 자음을 발음하는 추가적인 규칙에 대해서는 8장(진짜 네이티브 스피커처럼 말하기)에서 좀더 배울 것입니다.

Chapter

04

PROBLEMATIC

CONSONANTS

까다로운 자음

PROBLEMATIC CONSONANTS

까다로운 자음

이 장에서는 네이티브 스피커가 아닌 사람들이 가장 흔하게 잘못 발음하는 자음들을 제대로 발음할 수 있도록 도와줄 것입니다. 어떤 경우는 미국식 영어에만 해당될 수 있습니다. 또 어떤 자음들의 경우에는 특정 언어권의 사람들에게는 특별히 어려운 발음이 될 수도 있습니다. 자신의 언어에 특정한 자음이 존재하지 않는 경우에는 말입니다.

The Various *t* Sounds of American English

미국 영어의 다양한 t소리

A happy person is not a person in a certain set of circumstances,
but rather a person with a certain set of attitudes.

행복한 사람은 어떠한 환경 속에 있는 사람이 아니라, 어떠한 태도를 가지고 있는 사람이다.

Hugh Downs

가장 미국적인 자음인 철자 **t**부터 시작해 봅시다. 철자 **t**는 여러 가지 방식으로 발음되는데, 단어 안에서 어디에 위치하느냐에 따라, 또 앞뒤에 어떤 소리가 오느냐에 따라 다르게 발음됩니다. 때때로 **t**는 **water**나 **atom**에서와 같이 /d/처럼 발음이 되기도 하고, 어떤 때에는 **often**이나 **interview**에서처럼 전혀 발음이 되지 않습니다. 또 **but**이나 **cat**에서처럼 간신히 들릴 만큼만 발음될 때도 있고, 또 **try**나 **truth**와 같이 /r/소리가 뒤따라 올 때는 다른 소리로 바뀔 수도 있습니다.

The Held *t*

멈춘 t: 공기를 터트려서 내는 파열음으로 내지 않고 공기를 막아서 내는 폐쇄음으로 유지하는 t

앞 장에서 여러분들은 마지막 자음을 멈추는 법을 배웠습니다. **t**는 미국 영어에서 가장 흔한 멈춘 자음이며, **t**를 멈추는 것은 미국 발음의 가장 두드러진 특징 중 하나입니다. 영국식 영어처럼 다른 영어 발음을 하는 네이티브 스피커들은 마지막 **t**를 개방하는 경향이 있습니다, 다음에 오는 **t**소리가 자음일 경우 말입니다. 예를 들면 영국 사람들은 "아이 돈트 캐어(I don't care)."라고 발음하지만 미국 사람들은 "아이 돈 캐어(I don't care)."라고 발음합니다. 그리고 영어를 모국어로 하지 않는 사람들도 똑 같이 t소리를 터트립니다.

멈춘 t소리는 혀를 치경(윗니 뒤쪽 잇몸)에 대고 아래로 내려오지 않을 때 나는 소리입니다. 혀를 위로 들고 입에서 공기가 새어 나오지 않아야 합니다. 개방된 t소리와 멈춘 t소리의 차이에 주의하여 들어보세요. 각각의 첫 번째 듣는 단어는 개방된 t소리이고, 두 번째 듣는 단어는 멈춘 t소리입니다. cat(캐트), cat(캣), right(라이트), right(라잇), but(버트), but(벗)처럼 말입니다. 멈춘 t소리를 내는 다른 방법은 성대를 닫아 공기의 흐름을 차단했다가 재빨리 터뜨리면 됩니다.

Remember!

뒤에 오는 철자가 자음일 때 멈춘 t소리를 냅니다. 뒤에 오는 자음이 단어의 일부이든 다음 단어의 시작이든 상관없이 말입니다. 예를 들면, 어파트멘(apartment)이 아니라 아팟멘(apartment), 대트 맨(that man)이 아니라 댓 맨(that man)으로 말합니다.

can이라고 말했나요? can't라고 말했나요?

소리가 나지 않는 t(silent t)는 여러분이 "can"과 "can't"를 들을 때 구별하기 힘들게 하는 이유 가운데 하나입니다. "can't"에서 멈춘 /t/소리를 집중해서 들어보세요. 그러면 "can't"에 있는 모음이 보통 길게 들릴 것입니다. 문장 안에서 부정 조동사는 긍정 조동사보다 더 강세를 받기 때문입니다. 6장에서 단어의 강세에 대해 자세하게 배우게 될 것입니다.

Track 125

Held *t* + Consonant

멈춘 t + 자음

A. 다음 단어가 자음으로 시작될 때는 언제나 마지막 t소리를 터트리지 않고 멈춰서 폐쇄음으로 마무리합니다.

1. it was
2. might do
3. can't go
4. at work
5. didn't like
6. won't need
7. eight weeks
8. budget cut

B. 한 단어 안에서 다음 철자가 자음일 때는 언제나 t소리를 멈춥니다.

1. foo_t_ball
2. ou_t_side
3. la_t_ely
4. nigh_t_mare
5. a_t_mosphere
6. a_t_las
7. A_t_lanta
8. bu_t_ler

Practice Sentences

다음 문장을 들으며 연습해 보세요.

1. I migh_t_ no_t_ do tha_t_.
   나는 그 일을 하면 안 되었다.

2. It's no_t_ tha_t_ grea_t_.
   그것은 그다지 대단하지 않다.

3. He buil_t_ tha_t_ websi_t_e las_t_ nigh_t_.
   그는 어젯밤에 그 웹사이트를 구축했다.

4. I_t_ fel_t_ qui_t_e ho_t_ in Vermon_t_.
   버몬트는 꽤 더웠다.

5. Wha_t_?! Tha_t_ can'_t_ be righ_t_!
   뭐라고?! 그럴 리가 없어!

6. Ma_tt_ wen_t_ ou_t_ for a bi_t_e to ea_t_.
   매트는 간단한 식사를 하기 위해서 외출했다.

7. Tha_t_ apartmen_t_ fel_t_ qui_t_e ho_t_.
   그 아파트는 아주 더웠다.

8. If you ea_t_ ou_t_ every nigh_t_, you'll ge_t_ fa_t_.
   매일 밤마다 외식하면 살찔 거야.

 Study Tip

여러분의 주변에서 가장 많이 쓰이는 어휘들의 리스트를 만들어 보세요. 여러분이 학생이라면 전공 분야의 용어들을 정리해 정확하게 발음하도록 노력해 보세요. 또 여러분이 일하는 회사의 이름, 또는 여러분과 같이 일하고 있는 미국인 동료들이 있다면 그들의 이름을 정확하게 발음해 보세요. 이렇게 정리를 하면 여러분이 실제 상황에서 이야기할 때 좀더 자신감을 갖게 될 것입니다.

Held *t* before /n/ Sound

/n/소리 앞에 오는 멈춘 t소리

단어 안에서 **t**가 /n/소리 앞에 오면 **t**를 폐쇄음으로 유지해야 한다는 것을 명심하십시오. 예를 들어 **button**을 발음할 때, **t**를 **but**에서와 같이 공기를 내뿜지 말고 폐쇄음으로 유지하십시오. 혀를 윗니 뒤 잇몸(치경)에서 떼지 않은 상태에서 /n/소리를 덧붙이세요. "**but+n**"처럼 말입니다.

Words for Practice

다음 단어를 들으며 연습해 보세요.

1. cer<u>tain</u>   3. moun<u>tain</u>   5. co<u>tton</u>   7. ea<u>ten</u>   9. forgo<u>tten</u>
2. go<u>tten</u>   4. ligh<u>ten</u>   6. Bri<u>tain</u>   8. wri<u>tten</u>   10. frigh<u>ten</u>

Practice Sentences

다음 문장을 들으며 연습해 보세요.

1. I will shor<u>ten</u> the cur<u>tain</u>.
   나는 커튼을 짧게 만들 거야.
2. He has ea<u>ten</u> the ro<u>tten</u> food.
   그는 상한 음식을 먹었다.
3. I'm cer<u>tain</u> that it was wri<u>tten</u> in Bri<u>tain</u>.
   나는 그것이 영국에서 씌어졌다고 확신한다.
4. I've already forgo<u>tten</u> the sen<u>ten</u>ce.
   나는 그 문장을 벌써 잊었다.
5. That co<u>tton</u> blouse has bu<u>tton</u>s.
   그 면 블라우스에는 단추가 달렸다.
6. Mar<u>tin</u> Luther King and Bill Clin<u>ton</u> are famous Americans.
   마틴 루터 킹과 빌 클린턴은 유명한 미국인들이다.

Silent *t* after *n*

n 다음에 오는 묵음 t

미국식 발음에서 **n** 뒤에 놓인 **t**는 종종 소리가 나지 않습니다. "**internet**"라고 말하는 대신에 미국사람들은 "**innernet**"이라고 발음합니다. 이것은 이미 표준적인 발음이 되었으므로, 더 이상 지나치게 구어적이라거나 단정하지 못한 말로 여기지 않습니다.

Words for Practice

다음 단어를 들으며 연습해 보세요.

1. in<u>t</u>erview
2. twen<u>t</u>y
3. disappoin<u>t</u>ing
4. accoun<u>t</u>able
5. den<u>t</u>ist
6. in<u>t</u>ellectual
7. quan<u>t</u>ity
8. advan<u>t</u>ages
9. in<u>t</u>ernational
10. cen<u>t</u>er
11. can<u>t</u>aloupe
12. plen<u>t</u>y
13. San<u>t</u>a Monica
14. Atlan<u>t</u>a
15. Orange Coun<u>t</u>y
16. Sacramen<u>t</u>o

Practice Dialogue for Silent t

다음 대화를 들으며 연습해 보세요.

A: There are many adva<u>nt</u>ages to working for that i<u>nt</u>ernational company.

그 국제적인 회사에서 일하는 것은 많은 이점이 있어.

B: I'll be disappoi<u>nt</u>ed if they don't call me for an i<u>nt</u>erview.

그들이 내게 인터뷰를 요청하지 않는다면, 실망할 거야.

A: I hear they're looking for someone with i<u>nt</u>erpersonal skills and ple<u>nt</u>y of energy.

그들은 대인관계 기술이 있고, 힘이 넘치는 사람을 구한다고 들었어.

B: It's only twe<u>nt</u>y minutes from Sa<u>nt</u>a Monica.

산타 모니카에서 20분밖에 안 걸려.

When *t* is between Two Vowels

두 모음 사이의 t

t가 두 개의 모음 사이에 오면 대개 빠르게 나는 /d/소리와 같이 나는데, 이것은 "빠른 /d/(fast /d/)"라고 부릅니다. **better**를 **bedder**라고 발음하는 것과 같습니다. 이 발음은 때로는 많은 언어에 있는 "구르는 r(rolling r)" 소리로 나기도 하는데, 이것은 혀끝이 윗니 뒤쪽 잇몸의 상단에 닿으면서 나는 소리입니다. 이 소리는 "가볍게 두드리는 t(tapped t)"라고 불리기도 하는데, 이 발음을 할 때는 혀의 끝이 윗니 뒤쪽 잇몸(치경)

을 가볍고 빠르게 톡 치기 때문입니다.

다음의 세 쌍의 짝지어진 문장을 들어보세요. 첫 번째 문장은 외국인 발음 또는 영국식 발음이고, 두 번째 문장은 미국식 발음입니다.

외국인 or 영국식	미국식
It's better and better.	It's bedder and bedder.
Wait a minute!	Waida minute!
I ate a lot of meat.	I ada lodof meat.

t는 다음의 경우에 "빠른 /d/"소리로 납니다.

A. 두 모음 사이에 놓일 때   이렇게 발음하세요:

better   bedder

B. "l" 앞에 놓일 때   이렇게 발음하세요:

little   liddle

C. "r"이나 모음의 뒤에 놓일 때   이렇게 발음하세요:

party   pardy
forty   fordy

주의: **t**가 강세가 있는 음절에 포함되어 있을 때는 "빠른 /d/"로 바뀌지 않습니다. 예를 들어 **attack**은 **adack**이라고 발음하지 않습니다.

Words for Practice

다음 단어를 들으며 연습해 보세요.

1. ci<u>t</u>y	3. be<u>tt</u>er	5. to<u>t</u>al	7. mee<u>t</u>ing
2. du<u>t</u>y	4. abili<u>t</u>y	6. ma<u>tt</u>er	8. quali<u>t</u>y

When *t* is between Two Words

두 단어 사이의 t

t가 "빠른 /d/"소리로 바뀌는 것은 두 개의 단어 사이에서도 나타나는데, 앞의 단어가 모음+t로 끝나고 뒤에 이어지는 단어가 모음으로 시작하는 경우가 그렇습니다. 예를 들어 **not at all**은 "**nod-ad-all**"로 발음됩니다. 이것 역시 표준적인 미국 영어 악센트로 예의에 어긋나는 발음이 아닙니다.

Word Groups for Practice

다음 단어를 들으며 연습해 보세요.

1. it is
2. get up
3. try it on
4. eat out
5. at eleven
6. wait a minute
7. what if
8. put it off

Practice Sentences

다음 문장을 들으며 연습해 보세요.

1. I'll eat it a little later.
   나는 그걸 좀 있다가 먹을 거야.

2. I bought an auto battery for forty dollars.
   나는 자동차 배터리를 40달러에 샀다.

3. Peter wrote a better letter.
   피터는 더 나은 편지를 썼다.

4. I'd better go to the meeting at eleven.
   나는 11시에 회의에 가는 것이 낫겠다.

5. He met her at a computer store in Seattle.
   그는 그녀를 시애틀에 있는 어느 컴퓨터 가게에서 만났다.

6. It's a pity that he's getting fatter and fatter.
   그가 갈수록 뚱뚱해지고 있다니 안됐다.

7. Tell the waiter to bring it a little later.
   웨이터에게 그것을 조금 있다가 가져오라고 말해요.

8. He bought a lot of bottles of water.
   그는 물을 여러 병 샀다.

9. Betty's knitting a little sweater for her daughter.
   베티는 딸을 위해서 작은 스웨터를 짜고 있다.

10. It'll be better if you heat it before you eat it.

그것을 먹기 전에 데우면 더 좋을 겁니다.

The Fast /d/ Sound

빠른 /d/소리

표준적인 /d/소리는 **dog, day, bed**에서 나는 소리 외에 또 다른 종류의 /d/소리로 두 개의 모음 사이에서 나 l 앞에서 나는 소리가 있습니다. 이것은 **t**가 모음 사이에 놓였을 때 나는 소리와 정확히 똑같이 발음되는 소리로, 종종 "빠른 /d/"라고 불립니다. 이 소리 역시 혀의 끝이 윗니 뒤편 잇몸(치경)을 빠르고 가볍게 톡 치면서 발음됩니다.

Word Pairs for Practice

아래 짝지어진 단어들은 철자가 하나는 d이고, 다른 하나는 t이지만 소리는 정확히 똑같습니다. d와 t 모두 모음 사이에 위치하기 때문에 소리도 똑같이 나는 것입니다. 잘 듣고 따라해 보세요.

1. **medal**   He won a gold **medal** in the Olympics.

   그는 올림픽에서 금메달을 땄다.

   metal   My car is made out of **metal**.

   내 차는 금속으로 만들어져 있다.

2. **Adam**   His first name is **Adam**.

   그의 이름은 아담이다.

   atom   An **atom** is the smallest unit of an element.

   원자는 원소의 가장 장은 단위이다.

3. **hit it**   My hand hurts because I **hit it** hard.

   나는 손을 세게 쳐서 손을 다쳤다.

   hid it   You can't find it because I **hid it**.

   너는 그것을 찾을 수 없어. 내가 그걸 숨겼으니까.

4. **leader**   The president is the **leader** of the country.

   대통령은 나라의 지도자이다.

   liter   How much is a **liter** of gasoline?

   휘발유 1리터에 얼마예요?

5. **feudal**   There was a **feudal** system in the Middle Ages.

중세에는 봉건제가 있었다.

futile   My effort was totally **futile**.

내 노력은 완전히 헛수고였다.

Words for Practice

다음 단어는 두 모음 사이에 빠른 /d/가 놓여 있습니다. 잘 듣고 빠른 /d/소리를 연습해 보세요.

1. already
2. addict
3. Canada
4. editor
5. ladder
6. product
7. middle
8. shadow

Word Pairs for Practice

다음 짝지어진 단어를 들으며 연습해 보세요.

1. add on
2. made it
3. hid it
4. fed up

Practice Sentences for "Fast *d*"

다음 문장을 들으며 연습해 보세요.

1. I already added it.

나는 그것을 이미 덧붙였다.

2. Adam will edit the middle part.

아담은 중간부분을 편집할 것이다.

3. Those products are made in Canada.

저 상품들은 캐나다산이다.

4. She had on a Prada dress.

그녀는 프라다 옷을 입고 있었다.

5. I'm fed up with the crowded elevator.

나는 붐비는 엘리베이터는 신물이 난다.

주의: **d**가 강세가 있는 음절 안에 올 때에는 모음 사이에 있더라도 이 "빠른 /d/"의 규칙이 적용되지 않습니다. 아래의 첫 번째 것은 모음 사이에 있지만 강세가 있으므로 정상적인 /d/로 발음되고, 두 번째 단어는 빠른 /d/ 로 발음됩니다.

정상적인 /d/
adopt
adore

빠른 /d/
addict
audit

The /tʃr/ Sound: *tr*

/tʃr/소리로 나는 tr

t의 뒤에 /r/소리가 뒤따라올 때는 /t/소리가 변하는데, 이때는 거의 /tʃ/ 또는 "ch"소리처럼 발음됩니다. **travel**은 "트레블"보다는 "츄레블"에 가깝고, **true**는 "트루"보다는 "츄루"에 가깝게 말합니다. 이 소리를 정확하게 발음하려면 **chain**에서의 /tʃ/처럼 발음하십시오. 단, 혀의 끝이 윗니 뒤쪽 잇몸(치경)에 닿을 때 좀 더 긴장을 유지해야 하고, 또 공기의 흐름을 막는 것에 신경을 써야 합니다.

Practice Words

다음 단어를 들으며 연습해 보세요.

1. travel
2. turkey
3. tradition
4. introduce
5. translate
6. interest
7. traffic
8. extremely
9. turn
10. terrific

The /dʒr/ Sound: *dr*

/dʒr/소리로 나는 dr

d 다음에 r이 올 때 /d/소리는 변해서 거의 /dʒ/소리에 가깝게 됩니다. **drive**는 "드라이브"보다는 "쥬라이브"에 가깝고, **dress**는 "드레스"보다는 "쥬레스"에 가깝게 들립니다.

Practice Words

다음 단어를 들으며 연습해 보세요.

1. drink
2. children
3. drop
4. address
5. dream
6. cathedral
7. drama
8. hundred
9. syndrome
10. laundry

Practice Dialogues for *tr* and *dr*

다음 대화를 들으며 tr과 dr 소리의 변화를 연습해 보세요.

1. A: Why do you <u>tr</u>avel by <u>tr</u>ain?

    당신은 왜 기차로 여행합니까?

    B: Because the <u>tr</u>affic is so <u>dr</u>eadful.

    교통체증이 끔찍스럽거든요.

2. A: What did San<u>dr</u>a tell the a<u>ttor</u>ney?

    산드라는 변호사에게 무슨 말을 했지요?

    B: She told him the <u>tr</u>uth about the <u>dr</u>ugs.

    그녀는 그에게 마약에 대한 진실을 말했어요.

3. A: Have you <u>tr</u>aveled to <u>Tur</u>key?

    터키에 가본 적 있어요?

    B: Yes, that coun<u>tr</u>y has some in<u>ter</u>esting <u>tr</u>aditions.

    그래요. 그 나라는 흥미로운 전통을 가지고 있지요.

4. A: I told him a hun<u>dr</u>ed times not to <u>dr</u>ink and <u>dr</u>ive.

    나는 그에게 술 마시고 운전하지 말라고 신신당부했어.

    B: I'm sure he'll <u>tr</u>y to stay out of <u>tr</u>ouble.

    나는 분명히 그가 문제에서 벗어나려고 노력할 거라고 생각해.

    A: To tell you the <u>tr</u>uth, I am <u>dr</u>ained from all this <u>dr</u>ama.

    네게 사실을 말하자면, 나는 이 드라마 같은 사건으로 진이 빠졌어.

The /dʒ/ Sound: *du* and *d+y*

/dʒ/소리로 나는 du와 d+y

d가 모음 u 앞에 올 때는 소리가 섞여서 **joke**에서의 **j** 소리와 비슷한 /dʒ/로 발음됩니다.

Words for Practice

다음 단어를 들으며 연습해 보세요.

1. gra<u>du</u>al

4. e<u>du</u>cation

2. sche<u>du</u>le   5. proce<u>du</u>re
3. gra<u>du</u>ation   6. indivi<u>du</u>al

Practice Sentences

비슷한 경우로 d가 y 앞에 올 때 역시 /dʒ/소리로 발음됩니다.

1. Di<u>d y</u>ou?   3. Coul<u>d y</u>ou?
2. Woul<u>d y</u>ou?   4. Shoul<u>d y</u>ou?

The /tʃ/ Sound: *tu* and *t+y*

/tʃ/ 소리로 나는 tu와 t+y

많은 단어에서 **t**가 u 앞에 올 때는 섞인 발음으로 나게 되는데, **church**에서의 **ch**와 같은 /tʃ/소리가 납니다.

1. ac<u>tu</u>ally   6. for<u>tu</u>nate
2. si<u>tu</u>ation   7. sta<u>tu</u>e
3. ri<u>tu</u>al   8. na<u>tu</u>re
4. adven<u>tu</u>re   9. punc<u>tu</u>al
5. vir<u>tu</u>al   10. pic<u>tu</u>re

이와 흡사하게 **t** 다음에 **y**가 올 때 역시 대개 /tʃ/소리로 발음됩니다.

1. Don'<u>t y</u>ou?   3. Can'<u>t y</u>ou?
2. Won'<u>t y</u>ou?   4. Aren'<u>t y</u>ou?

Practice Sentences

다음 문장을 들으며 연습해 보세요.

1. Di<u>d y</u>ou go to his gra<u>du</u>ation?
   너 그의 졸업식에 갔니?

2. Woul<u>d y</u>ou take our pic<u>tu</u>re?
   우리 사진 좀 찍어주시겠어요?

3. Why can'<u>t</u> <u>y</u>ou be punc<u>tu</u>al?

도대체 왜 제시간에 못 오니?

4. Don'<u>t</u> <u>y</u>ou like na<u>tu</u>re?

자연을 좋아하지 않으세요?

5. Ac<u>tu</u>ally, this is a for<u>tu</u>nate si<u>tu</u>ation.

사실, 이건 운이 좋은 상황입니다.

6. You're adven<u>tu</u>rous, aren'<u>t</u> <u>y</u>ou?

당신은 모험을 즐기는 성격이지요, 그렇지요?

7. Why won'<u>t</u> <u>y</u>ou do it gra<u>du</u>ally?

그 일을 점차 해 나가시지 그러세요?

8. Can'<u>t</u> <u>y</u>ou change your sche<u>du</u>le?

당신의 일정을 바꿀 수는 없을까요?

Words Ending in -*ed*

-ed로 끝나는 단어

단어의 끝에 붙는 어미 **-ed**는 **needed**와 **worked**에서와 같이 규칙동사의 과거형을 만듭니다. 때로는 **interested**나 **tired**와 같이 형용사를 만들기도 합니다. 일부 비영어권 사람들은 **-ed**를 발음하는 데 어려움을 겪는데, 그것이 /ɪd/, /d/, /t/ 세 가지로 발음될 수 있기 때문입니다. 아래에 **-ed**를 발음하기 위해 알아야 할 세 가지 규칙이 있습니다.

규칙 1

단어의 마지막 글자가 **d**나 **t**로 끝나면, **-ed**는 별도의 음절로 /ɪd/로 발음됩니다.

needed	admitted	attended	decided
avoided	separated	visited	waited

규칙 2

단어의 마지막 글자가 모음이나 유성자음으로 끝날 때, **-ed**의 **e**는 묵음이 되고 **d**만 /d/로 발음됩니다.(유성자음에는 /b/, /d/, /g/, /v/, /m/, /n/, /r/, /l/, /z/, /dʒ/, /y/, /ð/가 있다.)

opened	changed	earned	pulled
called	closed	loved	showed

규칙 3

단어의 마지막 글자가 무성자음으로 끝날 때, **-ed**의 **e**는 묵음이 되고 **d**는 /t/로 소리납니다.(무성자음에는 /p/, /t/, /k/,

/f/, /s/, /ʃ/, /tʃ/, /θ/가 있다.)

passed	helped	laughed	stopped
washed	watched	worked	liked

Practicing the -ed Sounds

다음 주어진 단어의 과거 시제 소리 -ed는 어떻게 발음될까요? 빈칸에 /ɪd/, /d/, /t/ 가운데 하나를 적어 보세요.

1. admitted _____
2. controlled _____
3. developed _____
4. dressed _____
5. ended _____
6. exploded _____
7. finished _____
8. hugged _____
9. liked _____
10. marched _____
11. preferred _____
12. pretended _____
13. pulled _____
14. robbed _____

Track 153

Linking ed Ending and a Vowel

-ed와 모음의 연음

연음(linking)은 한 단어의 마지막 소리와 뒤따라오는 단어의 첫 소리를 연결시켜 발음하는 것을 말합니다. 자연스럽고 부드러운 소리를 내기 위해서는 단어를 잘 연결하여 발음하는 법을 배워야 합니다. 이 점에 대해서는 8장, "진짜 네이티브 스피커처럼 발음하기(Sound Like a True Native Speaker)"에서 좀더 자세히 다루고 있습니다. -ed로 끝난 단어를 연결시켜 발음하는 것은 특히 중요합니다. 끝에 오는 /t/소리, /d/소리는 뒤에 오는 단어의 모음에 연결되는 경우라면 훨씬 발음하기가 쉽습니다.

보기	이렇게 발음하세요
1. stayed in	stay din
2. turned on	turn don
3. developed a	develop ta
4. needed a	nee de da

Words for Practice

다음 짝지어진 단어를 들으며 연습해 보세요.

1. worried_about
2. looked_at
3. talked_about

4. interested_in
5. worked_on
6. liked_it

More Linking Practice: *-ed + it*

이제 먼저 동사의 현재형을 듣게 됩니다. 그리고 나서 it과 연결된 과거형의 -ed 형태를 듣게 됩니다. 잘 들으며 따라해 보세요.

/ɪd/ 동사

1. I needed_it.
2. I painted_it.

3. I attended_it.
4. I admitted_it.

/t/ 동사

1. I cooked_it.
2. I liked_it.

3. I watched_it.
4. I stopped_it.

/d/ 동사

1. I used_it.
2. I cleaned_it.

3. I changed_it.
4. I loved_it.

Practice Dialogues for -ed Verbs

다음 대화는 질문과 대답으로 구성되어 있는데, 대답에는 -ed로 끝난 동사와 it가 포함되어 있습니다. -ed와 it의 연결에 주의하며 대답을 따라해 보세요.

1. A: What did you think of the movie?
    그 영화 어땠어요?

    B: I lik**ed** it a lot.
    아주 좋았습니다.

2. A: What did you do with the money?
    당신은 그 돈으로 무얼 했지요?

B: I deposit**ed** it in the bank.

은행에 저축했어요.

3. A: How did you cook the chicken?

닭을 어떻게 요리했나요?

B: I fri**ed** it in oil.

기름에 튀겼어요.

4. A: Is the heater on?

난로가 켜져 있나요?

B: No, I turn**ed** it off.

아니오, 제가 난로를 껐어요.

5. A: When did you paint the room?

언제 방을 페인트 칠 했어요?

B: I paint**ed** it last week.

지난 주에요.

Story for Practice

-ed로 끝나는 동사의 발음에 주의하세요. 다음 단어가 모음으로 시작할 경우 동사 끝의 -ed를 연음시켜 발음한다는 것을 명심하고 잘 듣고 따라해 보세요.

Learning English

/d/ /d/
As soon as Pablo arriv**ed** in the United States from Spain, he decid**ed** to work on

/d/ /d/
his English skills. He had studi**ed** English in school, but he only remember**ed** a

/d/ /ɪd/
little bit of what he had learn**ed**. He want**ed** to have more confidence when

/d/ /d/
speaking with Americans. He enroll**ed** in a local college that accept**ed** students

/d/ /d/
from all over the world. When he start**ed** attending the courses, he realiz**ed** that

/ɪd/ /d/ /d/
he had a long way to go. He was frustrat**ed** and confus**ed** and he struggl**ed** to

/d/ /t/
understand his classmates. He was surpris**ed** that they talk**ed** very fast. It

seem**ed** */d/* impossible to become fluent.

One day he stay**ed** */d/* after class and ask**ed** */t/* his teacher for advice. His teacher advis**ed** */d/* him not to give up and told him that he need**ed** */ɪd/* American friends to practice speaking English with. He encourag**ed** */d/* him to start a foreign language club. So, he decid**ed** */ɪd/* to do what the teacher recommend**ed** */ɪd/*. He invit**ed** */ɪd/* a lot of his classmates to join the club.

His English improv**ed** */d/* quickly and his accent sound**ed** */ɪd/* better and better. Also, he help**ed** */t/* American students improve their Spanish skills. Then one day, an American girl nam**ed** */d/* Emily walk**ed** */t/* into the club. She plann**ed** */d/* to travel to Spain and was interest**ed** */ɪd/* in practicing Spanish with Pablo. Pablo and Emily practic**ed** */t/* speaking together and correct**ed** */ɪd/* each other's mistakes. Pablo lik**ed** */t/* Emily, and he always look**ed** */t/* forward to seeing her at the club. She seem**ed** */d/* interest**ed** */ɪd/* in him too, so he decid**ed** */ɪd/* to ask her out. She agre**ed** */d/*. They dat**ed** */ɪd/* for a while and then he propos**ed** */d/*. She accept**ed** */ɪd/* the proposal and they soon got marri**ed** */d/*. Pablo stopp**ed** */t/* attending the language club, achiev**ed** */d/* all of his English goals, and they liv**ed** */d/* happily ever after.

영어 배우기

파블로가 스페인을 떠나 미국에 도착하자마자 그는 그의 영어 실력을 해결하기 위해 노력하기로 결심했다. 그는 학교에서 영어를 공부했었지만 그가 배운 아주 일부만 기억할 따름이었다. 그는 미국인들과 대화할 때 더 자신감을 가지고 싶었다. 그는 전 세계에서 건너온 사람들의 입학을 허락한 지역

학교에 등록했다. 그가 그 과정에 참석하기 시작했을 때, 그는 갈 길이 멀다는 것을 깨달았다. 그는 좌절하고 혼란에 빠졌으며, 그의 급우들의 말을 이해하려고 분투했다. 그는 그들이 매우 빠르게 이야기하는 것에 놀랐다. 유창하게 되는 것은 불가능한 것처럼 보였다.

어느 날 그가 방과 후에 남아 선생님께 조언을 구했다. 그의 선생님께서는 그에게 포기하지 말고 함께 영어를 구사할 미국인이 필요하다고 말씀하셨다. 선생님께서는 그에게 외국어 동아리 활동을 시작하라고 말씀하셨다. 그래서 그는 선생님이 권하신 것을 실행하기로 결심했다. 그는 많은 그의 급우들에게 동아리에 가입할 것을 권유했다.

그의 영어 실력은 빨리 향상되었고, 그의 말투는 점점 더 듣기 좋아졌다. 또한 그는 미국 학생들이 그들의 스페인어 실력을 향상시키도록 도와주었다. 그 후 어느 날 에미리라는 이름의 한 미국 소녀가 동아리로 걸어 들어왔다. 그녀는 스페인으로 여행할 계획이었고, 파블로와 함께 스페인어를 연습하는 데 관심이 있었다. 파블로와 에미리는 함께 말하기 연습을 하면서 서로의 실수를 바로잡았다. 파블로는 에미리를 좋아했고, 그는 동아리에서 항상 그녀를 만나기를 고대했다. 그녀도 그에게 관심이 있는 것 같았고, 그는 그녀와 데이트하기로 결심했다. 그녀는 동의했다. 그들은 잠시 데이트를 했고, 그리고 그 후 그는 청혼을 했다. 그녀는 청혼을 받아들였고 그들은 곧 결혼했다. 파블로는 언어 동아리 참석을 중지했고, 그의 모든 영어에 대한 목표를 달성했으며, 그들은 그 후 행복하게 살았다.

The *th* Sound

th 소리

> *"You must do <u>the thing</u> you <u>think</u> you cannot do."*
> 여러분은 여러분이 할 수 없을 것같이 생각되는 것을 해야만 합니다."

Eleanor Roosevelt

th는, 즉 /θ/소리와 /ð/소리는 비영어권 사람들이 발음하기에 가장 어려운 발음에 속합니다. 이 소리를 내기 위해서는 혀끝이 앞쪽 이의 끝부분에 접촉되어야 한다는 것을 명심하십시오. 공기가 혀와 윗니 사이로 나가면서 혀의 끝이 약간 떨려야 합니다. 윗니와 아랫니 사이에 혀끝을 넣지 않더라도 공기가 나올 때 혀끝을 앞니의 뒤쪽에 대는 것도 가능합니다.

영어에는 두 가지의 **th** 소리가 있는데, "**that**"에서와 같은 유성음 **th**의 /ð/와 "**think**"에서의 무성음 **th**의 /θ/가 그것입니다.

Practice Words for /θ/ (voiceless *th*)

다음 단어를 들으며 /θ/소리를 연습해 보세요.

anything	earth	nothing	Thursday
author	ninth	thank	wealthy
both	health	thing	with

Word Pairs for /θ/ (voiceless *th*)

다음 짝지어진 단어를 들으며 /θ/소리를 연습해 보세요.

wi**th** no**th**ing	bo**th** me**th**ods
nin**th** bir**th**day	**th**ird mon**th**

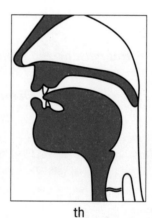
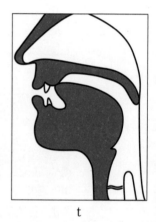

Practice Words for /ð/ (Voiced *th*)

다음 단어를 들으며 /ð/소리를 연습해 보세요.

although	father	this	they
breathe	mother	the	those
clothing	rather	then	weather

Word Pairs for /ð/

다음 짝지어진 단어를 들으며 /ð/ 소리를 연습해 보세요.

that clo**th**ing	nei**th**er bro**th**er
this wea**th**er	mo**th**er and fa**th**er

 Warning: Common Mistake

유성음 th와 d

어떤 비영어권 사람들은 유성음 **th**의 /ð/소리를 /d/소리로 잘못 발음하는데, 그러면 아래의 단어들이 같은 소리로 되어 버립니다.

/ð/	/d/
they	day
breathe	breed

이 문제도 역시 여러분의 혀를 이에 닿도록 앞쪽으로 내밀면 해결이 됩니다. 이때에도 공기의 흐름이 혀와 이 사이로 빠져나가게 해야 한다는 점을 명심하세요.

 Warning: Common Mistake

/θ/나 /ð/소리를 낼 때는 반드시 여러분의 혀끝이 윗니 아래에서 떨려야 합니다. 혀끝을 물거나 윗니로 너무 강하게 누르지 마세요. 그렇게 하면 공기의 흐름이 차단되어서 **th**소리를 올바르게 낼 수 없습니다.

Word Contrasts for Practice

다음 단어를 들으며 /t/와 무성음 /θ/의 차이를 구별해 보세요.

	/t/	/θ/			/t/	/θ/
1.	bat	bath		4.	tank	thank
2.	boat	both		5.	team	theme
3.	mat	math		6.	true	threw

Sound Contrasts for Practice

다음 단어를 들으며 /d/와 유성음 /ð/의 차이를 구별해 보세요.

/d/	/ð/			/d/	/ð/
1. breeding	breathing		4.	Dan	than
2. dare	their		5.	day	they
3. doze	those		6.	wordy	worthy

Practice Sentences for Voiced and Voiceless *th*

다음 문장을 들으며 /ð/와 /θ/소리를 연습해 보세요.

1. Her thirty-third birthday is on the third Thursday of this month.
   그녀의 서른 세 번째 생일은 이번 달 세 번째 목요일이다.

2. Those three things are worth thousands of dollars.
   저 세 가지 물건은 수천 달러의 가치가 나간다.

3. I think that Kenneth is Ethan's father.
   난 케네스가 이단의 아버지라고 생각해.

4. That new theology doesn't threaten the faithful Catholics.
   그 새로운 신학이 신앙심 깊은 가톨릭 신자들을 위협하지는 않는다.

5. You can buy anything and everything in that clothing store.
   너는 그 옷 가게에서 무엇이든지 다 살 수 있다.

6. There are those that always tell the truth.
   언제나 진실을 말하는 이들이 있다.

7. I think that the south has more warmth than the north.
   남쪽이 북쪽보다 더 포근하다고 생각해.

8. I'd rather have this one than that one.
   나는 저것보다 이걸 갖는 게 낫겠어.

9. Although they're rather thin, they're very healthy.
   그들은 다소 말랐지만, 아주 건강하다.

Practice Sentences for *th* Versus *d*

It is not because <u>th</u>ings are <u>d</u>ifficult <u>th</u>at we <u>d</u>o not <u>d</u>are;
it is because we <u>d</u>o not <u>d</u>are <u>th</u>at <u>th</u>ings are <u>d</u>ifficult.

우리가 용기를 내지 못하는 것은 상황이 어렵기 때문이 아니라 상황이 어렵다는 것을 감내하지 못하기 때문이다.

Seneca

th와 d가 아주 가까이 연이어서 발음될 때는 여러분의 혀끝이 빠르게 움직여야 합니다. 혀가 이에 닿았다가 재빨리 윗니 뒤편 잇몸(치경)에 닿아야 이 두 개의 소리가 구별되어 들립니다. 다음 문장을 들으며 연습해 보세요.

1. Don't <u>d</u>o <u>th</u>at Dan.

   댄, 그 일을 하지 마라.

2. What <u>d</u>oes <u>th</u>at <u>th</u>ing <u>d</u>o?

   그것이 무슨 일을 한 거야?

3. Did <u>th</u>ey brea<u>th</u>e in <u>th</u>e <u>d</u>ust?

   그들은 먼지 속에서 숨을 쉬었나요?

4. Dan <u>th</u>ought it was <u>d</u>ad's bir<u>th</u>day.

   댄은 그날이 아빠의 생일이라고 생각했다.

5. How <u>d</u>are <u>th</u>ey <u>d</u>o <u>th</u>at!

   감히 그들이 그 일을 하다니!

6. <u>Th</u>ey did it <u>th</u>e o<u>th</u>er <u>d</u>ay. Didn't <u>th</u>ey?

   그들은 일전에 그 일을 했어. 그랬지?

Comparing *th* with s and z

th와 s와 z의 비교

어떤 사람들은 무성음 th를 s처럼 잘못 발음합니다. 이들은 sank와 thank를 똑같게 발음합니다. 이런 사람들은 유성음 th도 z로 잘못 발음하는 경향이 있습니다. breeze를 breathe와 같은 소리로 발음하곤 하지요. s와 z소리를 낼 때는 공기가 혀끝을 통해 나오기는 하지만, 혀끝이 이에 닿지는 않고 그보다 약간 뒤쪽인 윗니 잇몸(치경)에 살짝 닿게 됩니다. 다음 그림이 보여주는 것처럼 혀의 위치에 주의하면서 다음 연습을 해보세요.

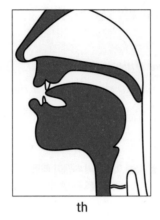
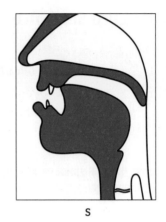

th   s

Word Contrasts for *s* Versus *th*

다음 단어를 대조해서 듣고 /s/소리와 /θ/소리를 연습해 보세요.

	/s/	/θ/			/s/	/θ/
1.	mass	math		3.	tense	tenth
2.	sank	thank		4.	sing	thing

Word Contrasts for *z* Versus *th*

다음 단어를 대조해서 듣고 /z/소리와 /ð/소리를 연습해 보세요.

	/z/	/ð/			/z/	/ð/
1.	close	clothe		3.	bays	bathe
2.	breeze	breathe		4.	Zen	then

Word Pairs for Practice

z나 s가 th 가까이에 있을 때 th는 특히 발음하기가 어렵습니다. 모든 자음 소리는 분명하게 들려야 한다는 것을 명심하십시오. 두 개의 자음을 섞어서 발음하거나 서로 바꾸어서 발음해서는 안 됩니다. 다음 짝지은 단어를 들으며 연습해 보세요.

1. Does that
2. What's that
3. She's thin
4. fifth step
5. with something
6. sixth song

Practice Sentences for *th* Versus s and *z*

다음 문장을 듣고 th와 s, z소리를 연습해 보세요.

1. He's enthusiastic that it's his sixth birthday.

   그는 자기 여섯 번째 생일이라고 열광한다.

2. Is that the zoo that has the zebras?

   저기가 얼룩말이 있는 그 동물원인가요?

3. He's thankful for his wealth.

   그는 그의 재산을 감사히 여긴다.

4. He's thinking about his strengths.

   그는 자기의 강점에 대해 생각하고 있다.

5. If it's Thursday, it's the same thing.

   만일 목요일이라면, 그것은 같은 것이다.

The American /r/

미국 영어의 /r/소리

Live as if you were to die tomorrow.
Learn as if you were to live forever.

내일 죽을 것처럼 살고, 영원히 살 것처럼 배워라.

Gandhi

여러 언어에 소위 '구르는 r(rolling r)'소리가 있습니다. /d/소리와 같이 혀의 끝이 윗니 뒤편 잇몸(치경)에 닿으면서 나는 소리이지만, 혀가 빠르고 반복적으로 떨리면서 구르는 소리가 납니다. 그러나 미국 영어의 /r/소리는 입의 안쪽에서 소리가 납니다. 혀의 끝도 입 속의 어느 부분과도 닿지 않습니다. 미국 영어의 r소리를 내는 데는 각기 다른 방법이 있습니다. 다음 그림을 보면서 여러분에게 더 쉬운 방법을 선택해서 연습을 하십시오.

미국 영어의 /r/소리 내기

방법 1

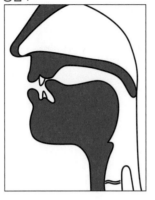

그냥 혀의 끝을 구부리고 약간 뒤로 당기세요. 혀는 긴장을 유지해 줍니다.

방법 2

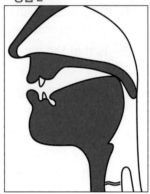

혀의 뒤쪽 부분으로만 소리를 내는 방법입니다. 혀의 양옆쪽을 뒤쪽 윗니에 대고 누릅니다. 이 경우에는 혀끝을 구부릴 필요가 없습니다.

Words that End with *r*

r로 끝나는 단어

영국 영어의 r과 달리 미국 영어의 r은 언제나 발음이 됩니다. 절대 묵음으로 처리해서는 안됩니다. **for, more, far, teacher**와 같이 단어의 끝이 /r/소리로 끝나면 /r/소리에 특히 신경을 써야 합니다.

Words for Practice

다음 단어를 들으며 연습해 보세요.

1. more
2. here
3. her
4. four
5. culture
6. where
7. sure
8. car

Word Groups for Practice

다음 단어들을 들으며 연습해 보세요. 각각의 단어는 모두 /r/로 끝납니다. 끝에 놓인 /r/소리를 분명하게 발음하세요.

1. four door car 문 네 개 달린 차
2. her younger sister 그녀의 여동생
3. they're never here 그들은 결코 여기 없다.
4. sooner or later 조만간

5. lobster for dinner 저녁을 위한 바다 가재
6. your older brother 너의 형
7. four more over there 저기 네 명 더

R before a Consonant

자음 앞에 오는 r

미국 영어에서 자음 앞에 오는 **r**은 언제나 발음이 됩니다. 영국 영어에서는 그렇지 않습니다. 미국 사람들은 "**morning**", "**first**", "**modern**"이라고 발음하는 반면, 영국 사람들은 "**moning**", "**fist**", "**moden**"이라고 발음합니다.

Word Pairs for Practice

다음 짝지어진 단어를 들으며 연습해 보세요.

1. important information 중요한 정보
2. first person 첫 번째 사람
3. hard to understand 이해하기 어려운
4. Northern California 북 캘리포니아
5. early in the morning 아침 일찍
6. survive divorce 이혼 후 살아남다

7. learn German 독일어를 배우다
8. undergoing surgery 수술 받기
9. thirty percent 30퍼센트
10. modern furniture 현대적인 가구
11. March bargain 3월 세일
12. perfect performance 완벽한 공연

Practice Sentences

다음 문장을 들으며 연습해 보세요.

1. I spent part of Thursday learning the new computer software.
   난 목요일에 새로운 컴퓨터 소프트웨어를 배우는 데에도 시간을 보냈다.

2. I heard it was a four hour performance.

   그것은 네 시간짜리 공연이라고 들었다.

3. He won a journalism award for his report on Pearl Harbor.

   그는 진주만에 관한 기사로 저널리즘상을 받았다.

4. Please inform the board about the formal procedure.

   공식적인 절차에 관해 이사회에 알려주십시오.

5. The terrible storm started yesterday morning.

   엄청난 폭풍이 어제 아침에 시작되었다.

6. Normally he works in New York.

   대개 그는 뉴욕에서 일한다.

7. George went to a formal party with his girlfriend.

   조지는 그의 여자 친구와 공식적인 파티에 갔다.

8. Mark is determined to learn German.

   마크는 독일어를 배우려고 결심했다.

9. I heard that the alternative procedure was better.

   나는 대안의 절차가 더 나았다고 들었다.

10. For your information, they're not divorced.

    뭔가 잘못 알고 계신 것 같은데, 그들은 이혼하지 않았습니다.

Story for Practice

다음 스토리를 따라 읽으며 연습해 보세요.

Surprise Birthday Party

On Saturday afternoon at four, we're having a surprise birthday party for our daughter Rachel. She'll turn thirteen. Her cousins Charles and Barbara will arrive early to help prepare. We'll take pictures, play cards and some board games. We've ordered a birthday cake and her favorite dessert, strawberry ice cream. We've invited about thirty of her friends and told them to come over before four. We hope all her friends get here by four before Rachel returns from the park. When they're all here, we'll call Mark to bring her over. When they open the front door the lights will be turned off. Her thirty friends will be waiting nervously in the other room. We hope it works out and that Rachel will be really surprised.

깜짝 생일 파티

토요일 오후 네 시, 우리는 딸아이 레이첼의 깜짝 생일 파티를 열려고 합니다. 레이첼은 이제 열세 살이 됩니다. 레이첼의 사촌 찰스와 바바라는 파티 준비를 도우려고 일찍 도착할 것입니다. 사진도 찍을 것이고, 카드놀이도 하고, 보드 게임도 좀 할 겁니다. 생일 케이크와 레이첼이 제일 좋아하는 후식인 딸기 아이스크림도 주문해 놓았답니다. 레이첼 친구들 서른 명 정도를 초대했고, 그 친구들에게 네 시 이전에 와달라고 했습니다. 레이첼 친구들이 레이첼이 공원에서 돌아오기 전인 네 시까지 모두 여기에 와주기를 바랍니다. 친구들이 여기에 모두 모이면, 우리는 마크를 불러서 레이첼을 데려오라고 할 것입니다. 마크와 레이첼이 현관문을 열면 불은 모두 꺼져 있을 겁니다. 레이첼의 서른 명이 되는 친구들이 다른 방에서 조바심을 내면서 기다리고 있을 것입니다. 우리는 계획대로 일이 진행되어서 우리 레이첼이 정말로 깜짝 놀라기를 바랍니다.

Advice from a Successful Student

아래의 텍스트를 읽어보면 여러분의 발음 학습에 도움이 될 것입니다. 미국 영어 악센트를 훌륭하게 학습한 여러분과 같은 비영어권 학생의 발음 학습 방법입니다.

"I have collected a list of words that are difficult for me to pronounce. I make up sentences from these words and I practice saying them over and over.

Miroslav Nikolic, Serbia

"제가 발음하기 어려운 단어들을 모아 리스트를 만들었어요. 그리고 그 단어들로 문장을 만들어 계속해서 말하는 연습을 했어요."

Miroslav Nikolic, 세르비아

The American /l/

미국 영어의 /l/소리

미국 영어의 /l/소리는 /t/소리나 /d/소리와 같이, 혀의 끝이 윗니 뒤쪽의 잇몸에 닿으면서 소리가 납니다. 다음 그림을 보면서 혀의 정확한 위치를 확인하세요. 공기의 흐름은 혀의 양쪽 옆으로 나가게 됩니다. /l/소리가 단어의 끝에서 날 때는 /t/나 /d/소리를 낼 때처럼 혀를 빠르게 놓아서는 안 됩니다. 너무 빨리 놓으면 낯설게 들립니다. 미국 영어의 /l/소리는 많은 다른 언어에서의 /l/소리보다 부드럽고 길게 납니다.

 ## Warning: Common Mistake

/l/소리를 낼 때는 입술을 둥글게 만들지 마십시오. 그렇게 하면 소리가 약해지고 /w/소리처럼 들릴 수 있습니다.

Words for Practice

다음 단어를 들으며 연습해 보세요.

1. although
2. call
3. children
4. cold
5. difficult
6. felt
7. film
8. little
9. milk
10. myself
11. people
12. will

Word Pairs for Practice

다음 짝지어진 단어를 들으며 연습해 보세요.

1. tall girl
2. felt guilty
3. old school
4. tall wall
5. cold milk
6. gold medal
7. little children
8. twelve soldiers

l before a Consonant

자음 앞에 오는 /l/

어떤 아시아 사람들은 특히 /l/이 자음 앞에 놓일 때 발음하기 어려워합니다. 여러분의 혀가 정확하게 움직이지 않으면, **code**와 **cold**가 비슷하게 들릴 것입니다. 다음 짝지어진 단어를 연습하면서, 두 번째 단어의 /l/소리를 분명하게 발음해 보세요. 첫 번째 단어에는 /l/소리가 없습니다.

Word Contrasts for Practice

다음 각 쌍의 단어를 연습해보세요. 두 번째 단어의 /l/소리를 명확히 발음해야 합니다.

	no /l/	/l/+자음			no /l/	/l/+자음
1.	code	co<u>l</u>d		3.	toad	to<u>l</u>d
2.	debt	dea<u>l</u>t		4.	wide	wi<u>l</u>d

Practice Sentences

다음 문장을 들으며 연습해 보세요.

1. Ji<u>ll</u> a<u>l</u>so doesn't fee<u>l</u> we<u>ll</u> enough to go to schoo<u>l</u>.

   질도 학교에 갈 만큼 몸이 좋지는 않다.

2. I'<u>ll</u> ca<u>ll</u> Paul and te<u>ll</u> him that you'<u>ll</u> be <u>l</u>ate.

   내가 폴에게 전화해서 네가 늦을 것이라고 말할 게.

3. Twe<u>l</u>ve peop<u>l</u>e wi<u>ll</u> bui<u>l</u>d a ta<u>ll</u> wa<u>ll</u> around the cast<u>l</u>e.

   열두 명의 사람들이 성 주변에 높은 벽을 세울 것이다.

4. It is doubtfu<u>l</u> that she'<u>ll</u> be ab<u>l</u>e to hand<u>l</u>e it.

   그녀가 그것을 처리할 수 있을지 의심스럽다.

5. He'<u>ll</u> bring the co<u>l</u>d drink to the i<u>ll</u> so<u>l</u>dier.

   그는 아픈 병사에게 찬 음료를 가져다 줄 것이다.

6. The wea<u>l</u>thy man so<u>l</u>d the bui<u>l</u>ding by himse<u>l</u>f.

   그 부자는 혼자서 그 건물을 팔았다.

7. Don't fee<u>l</u> gui<u>l</u>ty about the spi<u>ll</u>ed mi<u>l</u>k.

   우유 엎질렀다고 자책감을 느끼지 마라.

8. The gir<u>l</u> to<u>l</u>d me about the o<u>l</u>d fi<u>l</u>m.

   그 소녀는 내게 오래된 영화에 대해 말했다.

Long Vowels + /l/

장모음 다음에 오는 /l/

l자가 장모음 뒤에 올 때에는 그 사이에 추가적으로 약한 /ə/소리가 들어갑니다. 예를 들어 **feel**은 "**fee-/ə/l**"로 소리가 납니다. 거의 음절 하나가 추가되는 것처럼 발음하면 됩니다.

Words for Practice

다음 단어를 들으며 연습해 보세요.

	/i/+ əl	/eɪ/+ əl	/aɪ/+ əl	/ɔɪ/+ əl	/u/+ əl
1	feel	sale	mile	oil	tool
2	steal	mail	while	toil	school
3	deal	whale	style	spoil	rule
4	real	pale	smile	foil	fool
5	wheel	fail	file	boil	cool
6	heal	exhale	trial	soil	pool

⚠ Warning: Common Mistake

l자로 끝나는 각 쌍의 이 단어들을 똑같이 발음하지 않도록 명심하세요. 장모음 /eɪ/는 l자 앞에 /ə/를 추가하여 발음하기 때문에 훨씬 더 깁니다. **sale**은 거의 "**say=all**"처럼 소리 납니다. "**I bought it on sell.**"로 발음하지 말고 "**I bought it on sale.**"로 발음해야 합니다.
잘 듣고 따라해 보세요.

짧은 소리	긴소리 + /ə/
sell	sale
fell	fail
well	whale

Practice Dialogues

l자 앞에 /ə/ 소리를 추가하는 것을 명심하세요. 잘 듣고 따라 해보세요.

1. A: He stole the money and broke the **rules**.

    그는 돈을 훔쳤고, 규칙을 위반했어.

    B: It's no big **deal**. He's just a **child**.

    별일 아니야. 그는 어린애에 불과해.

A: Don't be a **fool**. He knows it's wrong to **steal**.

바보 같이 굴지 마. 그는 훔치는 것은 잘못된 일이라는 것을 알고 있어.

2. A: Did you say **Kyle** went to **jail**?

너는 Kyle이 투옥되었다고 말했니?

B: No, I said he went to **Yale**.

아니 그는 예일에 갔다고 말했어.

A: Oh, that's a good **school**!

오, 그건 좋은 학교야.

3. A: Have you read your **email**?

너는 이메일을 읽었니?

B: No, I'll do it in a little **while**.

아니. 좀 있다고 읽으려고.

4. A: Did you see that **whale**?

너 그 고래 봤니?

B: It's huge. I can't believe it's **real**.

그것은 매우 커. 나는 그것이 진짜라는 것을 믿을 수 없어.

5. A: What's wrong with the **wheel**?

바퀴에 무슨 문제라도 있니?

B: I think it needs some **oil**.

오일이 좀 필요하다고 생각해.

6. A: What do you think of the **style** of these shoes?

너 이 신발 스타일을 어떻게 생각해?

B: I love the high **heels**.

나는 높은 굽이 좋아.

A: I bought them on **sale**.

나는 신발을 세일 때 샀어.

7. A: I'm so tired. We've been driving for **miles** and **miles**.

나는 너무 피곤해. 우리는 수 마일을 운전하고 있어.

B: Relax. It'll help if you **inhale** and **exhale** slowly.

긴장을 풀어. 숨을 천천히 들이쉬고 내쉬면 도움이 될 거야.

8. A: I heard your dog had five puppies.

나는 네 개가 다섯 마리의 새끼를 낳았다고 들었어.

B: Yes, she had three **males** and two **females**.

그래. 수캐 세 마리와 암캐 두 마리를 낳았어.

Understanding /l/ Versus /r/

/l/과 /r/소리의 이해

Keep away from people who try to belittle your ambitions.
Small people always do that, but the really great make you feel that you,
too, can become great.

당신의 포부를 업신여기는 사람들을 멀리하라. 소인배들은 늘 그런 식이다.

그러나 정말 훌륭한 사람은 당신도 역시 훌륭한 사람이 될 수 있다고 느끼게 해준다.

Mark Twain

 Warning: Common Mistake

/l/소리를 낼 때 혀가 입안에서 정확한 위치에 닿지 않으면, /l/소리가 /r/소리처럼 들리게 됩니다. 예를 들어, **wall**이 **war**처럼 발음되어 버립니다. /l/소리를 정확하게 내기 위해서는 혀가 입 천장에 닿을 때 혀끝이 앞쪽 윗잇몸 근처까지 나아가 있어야 합니다. 혀끝이 입안에서 뒤로 빠져 있게 되면 /r/소리처럼 나게 됩니다. /l/소리를 제대로 내고 있는지 거울을 이용해서 여러분 혀의 위치를 한 번 살펴보세요.

/l/ and /r/ in the Final Position

단어의 끝에 오는 /l/과 /r/

/l/이나 /r/소리가 단어의 끝에 올 때는 혀의 위치에 주의하십시오. 혀가 어떻게 움직이고 있는지 집중하면서 소리를 길게 늘여 발음해 보세요.

Sound Contrasts for Practice

다음 소리를 대조해서 들으며 연습해 보세요.

	단어 끝 /l/	단어 끝 /r/		단어 끝 /l/	단어 끝 /r/
1.	feel	fear	5.	bowl	bore
2.	deal	dear	6.	tile	tire
3.	stole	store	7.	while	wire
4.	mole	more	8.	file	fire

Consonants + *r* and *l*

자음 뒤에 오는 /r/과 /l/

/r/이나 /l/소리가 자음 다음에 올 때에는 분명히 발음이 들릴 만큼 강하게 소리낸다는 점에 주의하세요. /r/이나 /l/발음을 시작하기 전에 첫 번째 자음을 충분히 발음해 주세요. 그렇지 않으면, **fright**와 **flight**가 '**fight**'와 같이 소리가 나게 될 것입니다. 첫 자음과 연이어서 나오는 /r/이나 /l/ 사이에는 철자 상으로는 모음이 들어가 있지 않지만, 짧은 /ə/발음을 넣어 **f(ə)right**, **f(ə)ree**로 발음해도 무방합니다.

Word Contrasts for Practice

다음 단어를 대조해 들으며 연습해 보세요.

no /r/ or /l/	/r/	/l/
1. fame	frame	flame
2. bead	breed	bleed
3. gas	grass	glass
4. fee	free	flee
5. fight	fright	flight
6. pay	pray	play

Practice Sentences

다음 문장을 들으며 연습해 보세요.

1. It's always <u>pleasurable</u> to <u>travel</u> first <u>class</u>.
   일등칸으로 여행하는 것은 늘 기분이 좋다.

2. He was <u>clearly</u> sur<u>prised</u> about the <u>promotion</u>.
   그는 승진에 대해 분명히 놀라워했다.

3. The <u>president</u> <u>flies</u> in his <u>private</u> air<u>plane</u>.
   회장은 자신의 전용기로 비행한다.

4. The <u>training</u> <u>program</u> will take <u>place</u> ear<u>ly</u> in the <u>spring</u>.
   훈련 프로그램은 이른 봄에 개최될 것이다.

5. I <u>plan</u> to regu<u>larly</u> <u>practice</u> <u>playing</u> the <u>flute</u>.
   나는 정기적으로 플루트 부는 연습을 계획하고 있다.

6. Ev<u>ery</u>one went to <u>Br</u>enda's sup<u>r</u>ise party.

   모두가 브렌다의 깜짝 파티에 갔다.

7. I <u>tr</u>aveled to <u>Br</u>itain last sp<u>r</u>ing.

   나는 지난 봄에 영국으로 여행을 갔다.

8. I <u>fr</u>equently <u>fly</u> to <u>Fl</u>orida to visit my <u>fr</u>iend.

   나는 내 친구를 방문하러 플로리다에 자주 비행기를 타고 간다.

9. <u>Cl</u>ara looked <u>tr</u>uly lo<u>vely</u> in her <u>bl</u>ue <u>bl</u>ouse.

   클라라는 파란 블라우스를 입고 있어 정말로 예뻐 보였다.

10. <u>Br</u>ian is <u>fl</u>uent in <u>Fr</u>ench.

   브라이언은 불어를 유창하게 한다.

Review of /r/ Versus /l/

/r/과 /l/의 복습

Practice Dialogues

다음 대화를 들으며 연습해 보세요.

1. A: <u>Laura</u> has cu<u>rly</u> <u>br</u>own hai<u>r</u>.

   로라는 갈색 곱슬머리야.

   B: However, her <u>br</u>other Ca<u>rl</u> has st<u>r</u>aight <u>bl</u>ond hai<u>r</u>.

   그렇지만 그녀의 남동생 칼은 직모에 금발이야.

2. A: What is that <u>lawyer's</u> ove<u>rall</u> p<u>riority</u>?

   그 변호사가 전반적으로 좋은 점은 뭐지요?

   B: P<u>r</u>obab<u>ly</u> to win every <u>tr</u>ial.

   아마도 모든 재판에서 이긴다는 점이겠지요.

3. A: I am g<u>r</u>adua<u>lly</u> <u>l</u>earning to p<u>r</u>onounce a<u>ll</u> the vocabu<u>lary</u> co<u>rr</u>ect<u>ly</u>.

   나는 차츰 모든 어휘를 정확하게 발음하는 것을 배워가고 있어요.

   B: <u>Really</u>? It's t<u>r</u>u<u>ly</u> wonde<u>rful</u> to hea<u>r</u> that!

   정말로요? 그런 말을 듣다니 정말 놀라운데요!

4. A: I hea<u>r</u>d he speaks seve<u>ral</u> <u>l</u>anguages <u>fl</u>uent<u>ly</u>.

   나는 그가 몇 가지 언어를 유창하게 하는 것을 들었어요.

   B: Yes, he speaks F<u>r</u>ench, Eng<u>l</u>ish, and Ita<u>l</u>ian <u>fl</u>uent<u>ly</u>.

   그래요, 그는 불어, 영어, 이탈리아어를 유창하게 하지요.

5. A: Have you hea<u>r</u>d the fai<u>r</u>y ta<u>l</u>e about Cinde<u>r</u>e<u>ll</u>a?

   신데렐라에 관한 동화를 들어본 적 있어요?

   B: Yes, she was a poo<u>r</u> <u>g</u>i<u>rl</u> who <u>r</u>a<u>r</u>e<u>l</u>y fe<u>l</u>t p<u>r</u>etty.

   그래요, 신데렐라는 별로 예쁘다고 느끼지 않는 가난한 소녀였지요.

6. A: Cent<u>r</u>a<u>l</u> Pa<u>r</u>k is a g<u>r</u>eat p<u>l</u>ace for <u>r</u>olle<u>r</u>b<u>l</u>ading.

   센트럴 파크는 롤러블레이딩을 할 수 있는 훌륭한 장소입니다.

   B: And it's on<u>l</u>y seve<u>r</u>a<u>l</u> minutes f<u>r</u>om her <u>l</u>a<u>r</u>ge apa<u>r</u>tment.

   그리고 그곳은 그녀의 대형 아파트에서 불과 몇 분 거리에 있지요.

7. A: He's an inc<u>r</u>edib<u>l</u>y ta<u>l</u>ented f<u>l</u>ute p<u>l</u>ayer.

   그는 정말 놀라운 재능을 지닌 플룻 연주자입니다.

   B: He a<u>l</u>so <u>r</u>egu<u>l</u>a<u>r</u>ly p<u>l</u>ays the c<u>l</u>a<u>r</u>inet.

   그는 또한 정기적으로 클라리넷도 연주합니다.

Poems for Practice

다음 시를 들으며 /r/과 /l/소리의 구별을 확인해 보세요.

Alchemy

연금술

I <u>l</u>ift my hea<u>r</u>t as sp<u>r</u>ing <u>l</u>ifts up
A ye<u>ll</u>ow daisy to the <u>r</u>ain;
My hea<u>r</u>t wi<u>ll</u> be a <u>l</u>ovely cup
A<u>l</u>tho' it ho<u>l</u>ds but pain.

봄이 노란 데이지 꽃을 밀어 올려 비를 맞히듯
나도 내 마음을 들어올린다.
비록 고통밖에는 담고 있지 않지만
내 마음도 예쁘장한 잔이 되겠지

For I sha<u>ll</u> <u>l</u>earn f<u>r</u>om f<u>l</u>ower and <u>l</u>eaf
That co<u>l</u>o<u>r</u> eve<u>r</u>y d<u>r</u>op they ho<u>l</u>d,
To change the <u>l</u>ife<u>l</u>ess wine of g<u>r</u>ief
To <u>l</u>iving go<u>l</u>d.

물방울을 모두 제 색깔로 물들이는
꽃과 잎사귀를 보고 나는 터득하리니.
슬픔이 담긴 죽은 포도주를 살아있는 황금빛으로 바꾸는 법을.

        Sara Teasdale

사라 티즈데일

Barter

물물교환

Life has loveliness to sell,
All beautiful and splendid things,
Blue waves whitened on a cliff,
Soaring fire that sways and sings,
And children's faces looking up,
Holding wonder like a cup.

Life has loveliness to sell,
Music like a curve of gold,
Scent of pine trees in the rain,
Eyes that love you, arms that hold,
And for your spirits still delight,
Holy thoughts that star the night.

Spend all you have for loveliness,
Buy it and never count the cost;
For one white singing hour of peace
Count many a year of strife well lost,
And for a breath of ecstasy
Give all you have been, or could be.

Sara Teasdale

삶은 우리에게 팔려는 멋진 것들을 가지고 있네.
모든 아름답고 호화로운 것들을.
절벽에서 하얗게 부서지는 파란 파도,
흔들리며 노래하며 하늘로 날아오르는 불,
신기해하는 표정을 가득 담은 잔과도 같은 얼굴로
우리를 쳐다보는 아이들.

삶은 우리에게 팔려는 멋진 것들을 가지고 있네.
금가루가 굽이치며 흩날리는 듯한 음악소리,
비가 올 때 나는 소나무 냄새,
당신을 사랑하는 사람의 눈, 안아주는 팔,
그리고 당신 영혼의 조용한 낙을 얻기 위해서는
밤하늘을 장식하는 거룩한 묵상.

이 멋진 것들을 위해서 여러분이 가지고 있는 모든 것을 다 팔아서
그것을 사라, 그리고 절대 그 값을 따지지 말라.
청정함을 노래하는 평화로운 한 시간은
싸움으로 잃어버린 긴 세월의 가치가 있으리니.
그리고 한 모금의 무아의 절정을 위해
당신의 지금까지의 존재, 혹은 당신이라고 할 수 있었을 만한 존재를
모두 바치라.

사라 티즈데일

✏️ Advice from a Successful Student

아래의 텍스트를 읽어보면 여러분의 발음 학습에 도움이 될 것입니다. 미국 영어 악센트를 훌륭하게 학습한 여러분과 같은 비영어권 학생의 발음 학습 방법입니다.

"My friend and I are both Chinese and both are studying accent reduction. We get together and speak only in English and we try to correct each others mistakes. We are able to point out a lot of mistakes to each other even though we are not American. We have learned what our main weaknesses are, and it's now just a matter of reminding each other and practicing in order to break those old habits.

Fang Lee and Mei Wu, China

"제 친구와 저는 둘 다 중국사람이고, 둘 다 미국식 영어 표준 발음을 공부하고 있어요. 우리는 함께 모여서 영어로만 이야기하고 서로의 실수를 바로 잡아 주려고 노력합니다. 우리는 미국사람이 아니지만 서로 많은 실수들을 지적해 줄 수 있습니다. 우리는 우리의 주된 약점이 무엇인지 알게 되었고, 이제는 그런 오랜 습관을 깨버리기 위해서 서로 그 약점을 서로 상기시켜주면서 연습하기만 하면 됩니다."

Fang Lee and Mei Wu 중국

The /v/ Sound

/v/소리

/v/소리를 정확하게 내기 위해서는 아랫입술이 윗니에 분명히 닿아야 합니다. (아래 그림을 보세요.) 빨리 말하는 사람들은 단어 맨 끝에 나오는 이 소리를 건너뛰는 경향이 있습니다. 어떤 사람들은 /v/소리를 /f/소리와 혼동할 수도 있고, 또 어떤 사람들은 /b/소리, 혹은 /w/소리로 바꾸어버리기도 합니다.

Words for Practice

다음 단어를 들으며 연습해 보세요.

1. very
2. verb
3. vote
4. eleven
5. invoice
6. achieve
7. have
8. twelve
9. five

Practice Sentences

다음 문장을 들으며 연습해 보세요.

1. Five of David's relatives live in Vienna.
   데이비드의 친척 중 다섯 명이 빈에 산다.

2. St**e**v**e** and **V**i**v**ian will come **o**v**e**r at ele**v**en.

   스티브와 비비안은 11시에 올 것이다.

3. I belie**v**e he will mo**v**e to **V**ermont in No**v**ember.

   나는 그가 11월에 버몬트로 이사갈 것이라고 생각한다.

4. Who**e**v**e**r is in**v**ol**v**ed will be in**v**estigated.

   누가 관련이 되든 조사를 받게 될 것이다.

5. Twel**v**e of us dro**v**e to the ri**v**er near **V**egas.

   우리 중 12명은 라스베거스 근처 강으로 차를 몰았다.

6. **A**v**oid drinking **v**odka e**v**ery day.

   매일 보드카 마시는 일을 삼가라.

7. They ser**v**ed fla**v**orful **v**eal and a **v**ariety of **v**egetables.

   그들은 맛있는 송아지고기와 다양한 야채를 내놓았다.

8. I'**v**e been gi**v**en a fa**v**orable e**v**aluation.

   난 좋은 평가를 받아 왔다.

9. I would'**v**e in**v**ited you o**v**er but I had a fe**v**er.

   내가 열이 나지 않았다면, 당신을 초대했을 텐데.

10. They'**v**e ne**v**er belie**v**ed my **v**iewpoint.

    그들은 내 관점을 절대 믿은 적이 없다.

Understanding /b/ Versus /v/

/b/와 /v/소리의 이해

*I'**ve** **b**een rich and I'**ve** **b**een poor–and **b**elie**ve** me, rich is **b**etter.*

나는 부자이기도 했고, 가난하기도 했다. 그러니 날 믿으라. 부자가 더 낫다.

Sophie Tucker

네이티브 스피커가 아닌 사람들 중 일부는 /b/와 /v/를 구별하는 데 어려움을 겪기도 합니다. /v/는 윗니가 아랫입술에 닿아서 소리가 나며, /b/는 두 입술이 완전히 닿아서 공기가 빠져나가지 못하는 상태에서 소리가 납니다. 다음 그림을 보고 그 차이를 살펴 보세요.

/v/   /b/

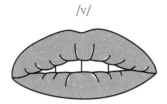   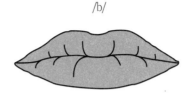

Word Contrasts for Practice

다음 단어를 대조해서 들으며 연습해 보세요.

/v/	/b/		/v/	/b/
1. vest	best	4.	vet	bet
2. very	berry	5.	curve	curb
3. vow	bow	6.	vote	boat

Word Pairs in Sentences

다음 문장 안에 짝지은 단어를 들으며 연습해 보세요.

1. That's a **very** good **berry**.
   저것은 아주 좋은 베리다.

2. That's the **best vest**.
   저것은 최고의 조끼다.

3. Can you **vote** on a **boat**?
   당신은 보트 타고 투표할 수 있어요?

4. Park next to the **curb** on the **curve**.
   커브길 보도 연석 옆에 주차하세요.

5. I **bet** he's a **vet**.
   나는 그가 수의사일 것이라고 확신한다.

Practice Sentences

다음 문장을 들으며 연습해 보세요.

1. B<u>e</u>verly is <u>v</u>ery <u>b</u>usy de<u>v</u>eloping her new <u>b</u>usiness.

   비벌리는 그녀의 새로운 사업을 벌이느라 아주 바쁘다.

2. <u>V</u>ince lo<u>v</u>es <u>b</u>asket<u>b</u>all and <u>b</u>aseball.

   빈스는 농구와 야구를 좋아한다.

3. <u>B</u>en dro<u>v</u>e to Las <u>V</u>egas in his <u>b</u>lack <u>V</u>ol<u>v</u>o.

   벤은 자신의 검은 색 볼보를 라스베거스로 몰았다.

4. I <u>b</u>elie<u>v</u>e they'<u>v</u>e <u>b</u>een to <u>V</u>irginia <u>b</u>efore.

   나는 그들이 전에 버지니아에 가본 적이 있다고 생각해.

5. Did <u>V</u>ivian ha<u>v</u>e a <u>b</u>irthday in No<u>v</u>em<u>b</u>er?

   비비안은 생일이 11월이었나요?

6. They'<u>v</u>e ne<u>v</u>er <u>b</u>een a<u>b</u>le to pro<u>v</u>e it, ha<u>v</u>e they?

   그들은 결코 그것을 증명할 수 없었어요, 그렇지요?

7. Cucum<u>b</u>er and <u>b</u>roccoli are <u>B</u>en's fa<u>v</u>orite <u>v</u>egeta<u>b</u>les.

   오이와 브로콜리는 벤이 제일 좋아하는 야채이다.

8. Ga<u>b</u>riel was o<u>v</u>erwhelmed when he won the No<u>b</u>el Prize for the no<u>v</u>el.

   가브리엘은 소설로 노벨상을 타게 되자 당황했다.

The /w/ Sound

/w/소리

The question is not <u>wh</u>ether <u>w</u>e <u>w</u>ill die, but how <u>w</u>e <u>w</u>ill live.

문제는 우리가 죽을 것이냐가 아니라 어떻게 살아갈 것이냐이다.

Joan Borysenko

/w/소리는 입술을 완전히 둥글게 하고 아래 그림과 같이 약간 입을 내밀어야 합니다. 네이티브 스피커가 아닌 많은 사람들이 /v/와 /w/소리를 혼동합니다. 이런 실수를 하지 않으려면, /w/발음을 할 때, 아랫입술을 윗니에 대지 마세요. 여러분이 이 발음을 정확히 하고 있는지 확인하기 위해서 /w/발음을 먼저 연습해 봅시다. 그리고 나서 /v/와 /w/ 발음을 함께 연습할 것입니다.

Words for Practice

다음 단어를 들으며 연습해 보세요.

1. always
2. wish
3. flower
4. work
5. well
6. window
7. wife
8. swim

The /kw/ Sound

/kw/소리: 철자 qu가 들어간 단어는 /kw/로 발음됩니다.

1. quick
2. question
3. require
4. quiet
5. quality
6. frequent

Word Pairs for Practice

다음 짝지어진 단어를 들으며 연습해 보세요.

1. white wine 백포도주
2. always working 항상 일하기
3. quick wedding 빠른 결혼
4. powerful wind 강력한 바람
5. weak witness 불충분한 증거
6. wonderful weekend 멋진 주말
7. anywhere you wish 당신이 원하는 어디든
8. twenty flowers 스무 송이 꽃
9. windshield wiper 유리 닦개, 와이퍼
10. frequent question 자주 하는 질문

Practice Dialogue

다음 대화를 들으며 연습해 보세요.

Winter Weather 겨울 날씨

A: I wonder when the weather will get warmer.
나는 날씨가 언제 따뜻해질지 궁금해.

B: Why are you always whining about the weather?
왜 항상 날씨에 대해 투덜대는 거야?

A: It's al<u>w</u>ays so <u>w</u>et and <u>w</u>indy. I <u>w</u>ould love to go for a <u>q</u>uick s<u>w</u>im or a <u>w</u>alk in the <u>w</u>oods.

날씨가 늘 너무 습하고 바람도 세단 말이야. 나는 잠시 수영하러 가거나 숲에서 걷고 싶어.

B: Well, <u>w</u>ait a few <u>w</u>eeks and it <u>w</u>on't be so <u>w</u>et and windy.

그럼 몇 주만 기다려. 그럼 습하지도 않고 바람이 심하지도 않을 거야.

A: I <u>w</u>ish you <u>w</u>ere right, but in a few <u>w</u>eeks it <u>w</u>ill still be <u>w</u>inter.

나도 네 말이 맞았으면 좋겠다. 그렇지만 몇 주가 지나도 날씨는 여전히 추울 거야.

B: OK then, <u>w</u>e'll have to move <u>w</u>est. Maybe to Holly<u>w</u>ood, <u>wh</u>ere the <u>w</u>eather is <u>w</u>armer.

좋아 그럼. 우리 서쪽으로 이사가야 해. 날씨가 따뜻한 할리우드 같은 곳으로.

A: Wow, <u>w</u>hat a <u>w</u>onderful idea! But <u>w</u>ait! <u>Wh</u>ere <u>w</u>ill <u>w</u>e <u>w</u>ork?

야, 좋은 생각인데. 그런데 잠깐만! 우리 일은 어디에서 하려고?

B: <u>W</u>e <u>w</u>on't have to <u>w</u>orry about <u>w</u>ork once <u>w</u>e get there. Holly<u>w</u>ood <u>w</u>ill <u>w</u>elcome us. <u>W</u>e'll become <u>w</u>ealthy movie stars.

일단 거기에 가기만 하면 일 걱정은 안 해도 된다니까. 할리우드는 우리를 환영할 거야. 우리는 부자 영화배우가 될 거라고.

A: <u>W</u>ake up and stop your <u>w</u>ishful thinking.

정신차리고, 희망사항일 뿐인 생각은 그만 좀 해.

Song Lyrics for Practice

"After You Get What You Want Don't Want It"

After you get <u>w</u>hat you <u>w</u>ant, you don't <u>w</u>ant it
If I gave you the moon, you'd gro<u>w</u> tired of it soon

You're like a baby
You <u>w</u>ant <u>w</u>hat you <u>w</u>ant <u>w</u>hen you <u>w</u>ant it
But after you are presented
<u>W</u>ith <u>w</u>hat you <u>w</u>ant, you're discontented

You're al<u>w</u>ays <u>w</u>ishing and <u>w</u>anting for something
<u>W</u>hen you get <u>w</u>hat you <u>w</u>ant
You don't <u>w</u>ant <u>w</u>hat you get

And tho' I sit upon your knee
You'll gro<u>w</u> tired of me
'Cause after you get <u>w</u>hat you <u>w</u>ant
You don't <u>w</u>ant <u>w</u>hat you <u>w</u>anted at all

Expert from a song by Irving Berlin

당신이 원하는 것을 얻은 후에는 당신은 그것을 원하지 않지요.

당신이 원하는 것을 얻은 후에는 당신은 그것을 원하지 않지요
내가 당신에게 달을 준다 할지라고 당신은 곧 싫증을 내게 될 거예요.

당신은 아기 같아요
당신은 원할 때 원하는 것을 갖기를 원하지요
그러나 당신은 그것을 가지고 나면
당신이 원하는 것에 만족하지 못하게 되지요.

당신은 항상 뭔가를 원하고 바라지요
당신이 원하는 것을 얻고 나면
당신은 당신이 손에 넣은 것을 원하지 않게 되지요.

그리고 내가 당신 무릎 위에 앉아 있다 하더라도
당신은 나에게 싫증을 내게 될 거예요
왜냐하면 당신이 원하는 것을 얻은 후에는
당신이 원했던 것을 전혀 원하지 않게 되니까요.

*a song by Irving Berlin*에서 발췌

Understanding /v/ Versus /w/

/v/와 /w/소리의 이해

You are ne<u>v</u>er gi<u>v</u>en a <u>w</u>ish <u>w</u>ithout also being gi<u>v</u>en the po<u>w</u>er to make it come true. You may have to <u>w</u>ork for it, ho<u>w</u>ever.

당신이 어떤 것을 원한다면 그것은 반드시 그 일을 실현해 낼 수 있는 힘까지 부여받은 것이다.
그렇다고 하더라도, 당신은 그 소망을 이루기 위해 애써야 할 것이다.

Richard Bach

다음 발음 연습을 할 때 아래 그림에 보이는 입술 모양의 차이를 확인하세요. /w/와 /v/의 발음을 혼동하지 마세요.

/v/ 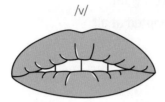 /w/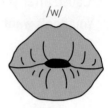

Word Contrasts for Practice

다음 단어를 대조해서 들으며 연습해 보세요.

	/v/	/w/			/v/	/w/
1.	vine	wine		4.	vest	west
2.	vow	wow		5.	verse	worse
3.	vet	wet		6.	veal	wheel

Word Pairs for Practice

다음 짝지어진 단어를 들으며 연습해 보세요.

1. every week 매주
2. very well 아주 잘
3. wise investment 현명한 투자
4. weigh the vegetables 채소 무게를 달다
5. west Virginia 버지니아 서쪽
6. wonderful voice 멋진 목소리
7. white van 흰색 밴
8. valuable watch 값비싼 시계
9. wear the vest 조끼를 입다
10. weird video 괴상한 비디오

Practice Sentences

다음 문장을 들으며 연습해 보세요.

1. Victor's wife Vicky was very wise.
   빅터의 부인 비키는 아주 지혜로웠다.

2. It <u>was</u> <u>very</u> <u>warm</u> all <u>week</u>.

일주일 내내 아주 더웠다.

3. Don't <u>wear</u> your <u>valuable</u> <u>watch</u> this <u>weekend</u>.

이번 주말에는 네 비싼 시계를 차지 마라.

4. When <u>will</u> <u>Vick</u> <u>weigh</u> the <u>vegetables</u>?

빅이 언제 야채 무게를 달아 줄까요?

5. Were you <u>involved</u> in <u>Vivian</u>'s <u>wedding</u> plans?

너 비비안의 결혼 계획에 휘말려 있었던 거야?

6. <u>Will</u> <u>we</u> <u>view</u> the <u>video</u> on <u>Wednesday</u>?

수요일에 우리 비디오 볼까?

The /s/ and /z/ Sounds

/s/와 /z/소리

/z/ /s/   /z/   /z/   /s/   /s/ /z/   /z/

A bird doe<u>s</u>n't <u>s</u>ing becau<u>s</u>e it ha<u>s</u> an an<u>s</u>wer, it <u>s</u>ing<u>s</u> becau<u>s</u>e

/z/ /s/

it ha<u>s</u> a <u>s</u>ong.

새는 응답이 있기 때문에 노래를 하는 것이 아니고, 부를 노래가 있어서 노래할 뿐이다.

Maya Angelou

철자 **s**는 /z/로 발음되기도 하고 또 어떤 때는 /s/로 발음되기도 합니다. **s**가 자음 뒤에 오게 되면 몇 가지 규칙들이 존재합니다. 그러나 **s**가 모음 뒤에 오면 규칙이랄 것이 없습니다. 사정이 그러하니 예외를 그저 외워두는 방법이 최고입니다. 아래에 나와있는 네 가지 기본 규칙을 공부해 두면 도움이 될 것입니다.

> **Warning: Common Mistake**
>
> 철자 **z**는 절대 /s/소리로 나지 않습니다. 여러분 모국어가 만일 스페인어라면 "**Gomez**", "**Alvarez**"같은 스페인 이름의 성을 스페인어로 발음하는 것과 미국인들이 발음하는 것을 한번 비교해 보세요.

규칙 1

s가 무성음 뒤에 오면 /s/로 발음된다.

book**s**	stop**s**	make**s**	like**s**
eat**s**	cat**s**	help**s**	surf**s**

규칙 2

s가 유성음 뒤에 오면, /z/로 발음된다.

egg**s**	bed**s**	live**s**	car**s**
come**s**	boy**s**	loan**s**	feel**s**

규칙 3

s가 두 개 겹쳐서 나오는 경우, /s/로 발음된다.

bo**ss**	le**ss**	succe**ss**
ma**ss**ive	le**ss**on	e**ss**ay

예외: po**ss**e**ss**ion, sci**ss**ors, de**ss**ert(/z/로 발음됨)

규칙 4

s 앞에 특정한 자음 소리로 끝난 단어들은 음절이 하나 추가된다. 마지막 s는 /z/로 발음된다.

소리	자음	예
/dʒ/	g	manag**es**, chang**es**
/ʃ/	sh	wash**es**, dish**es**
/tʃ/	ch	church**es**, match**es**
/s/	s, ss, c	boss**es**, fac**es**
/ks/	x	box**es**, fax**es**

 Study Tip

끝이 **s**로 끝나는 아주 흔한 다음의 단어들을 외워두세요. 이것들의 **s**는 /s/가 아니라 /z/로 발음됩니다.

was	his	these	goes	because
is	hers	those	does	
as	has	whose	always	

> ⚠ **Warning: Common Mistake**
>
> 접두사 **dis-**의 **s**는 /z/가 아니라 /s/로 발음된다는 점에 주의하세요.
>
> di<u>s</u>agree   di<u>s</u>obey   di<u>s</u>appear
> di<u>s</u>order   di<u>s</u>approve   di<u>s</u>ability

Verbs and Nouns and the Letter *s*

동사나 명사일 때의 s

s가 들어 있는 다음 단어들은 동사일 때는 /z/로 발음되지만, 명사일 때는 /s/로 발음됩니다.

	명사 /s/	동사 /z/		명사 /s/	동사 /z/
1.	use	to use	4.	house	to house
2.	abuse	to abuse	5.	excuse	to excuse
3.	close(형)	to close	6.	advice	to advise

Dialogues for Practice

다음 대화를 들으며 연습해 보세요.

1. A: Do you still **use** /z/ this? 아직도 이걸 사용하니?

   B: No, I have no **use** /s/ for it any more. 아니 그거 더 이상 사용 안 해.

2. A: Where will they **house** /z/ their guests? 그들은 어디에서 손님을 묵게 할 거지?

   B: They have a guest **house** /s/. 그들은 게스트 하우스를 가지고 있어.

3. A: Does he **abuse** /z/ drugs? 그는 약물을 남용하나요?

   B: Yes, he's getting help for his drug **abuse** /s/. 그래요, 그는 약물 남용으로 도움을 받고 있는 중이에요.

4. A: Please **excuse** me. 미안합니다. /z/

   B: I don't accept your **excuse**. 나는 당신의 변명을 받아들이지 않아요. /s/

5. A: Would you **close** the door? 문 좀 닫아주실래요? /z/

   B: You do it. You're **close** to it. 당신이 닫아요. 당신이 문 가까이에 있잖아요. /s/

6. A: Can you **advise** me on this? 이 일에 대해 제게 조언해 주시겠습니까? /z/

   B: Sure, I can give you some **advice**. 그럼요, 제가 좀 조언해 드릴 수 있어요. /s/

Practice Sentences

다음 문장을 들으며 연습해 보세요.

복수명사와 3인칭 주어(he, she, it) 단수형이 있는 동사의 마지막 /s/와 /z/를 올바르게 발음하도록 명심하세요.

1. A dishwasher wash**es** dish**es**. 식기세척기는 식기를 닦는다. /ɪz/ /ɪz/

2. A bus driver driv**es** bus**es**. 버스기사는 버스를 운전한다. /z/ /ɪz/

3. A mechanic fix**es** car**s**. 정비공은 차를 수리한다. /ɪz/ /z/

4. A teacher teach**es** student**s**. 선생님은 학생들을 가르친다. /ɪz/ /s/

5. A watchmaker mak**es** watch**es**. 시계제조공은 시계를 만든다. /s/ /ɪz/

6. A real estate agent sell**s** hous**es**. 부동산 업자는 집을 판다. /z/ /ɪz/

> ## ⚠ Warning: Common Mistake
>
> this와 these의 모음을 같은 소리로 발음하지 않도록 주의하세요.
>
> | | s소리 | 모음소리 |
> |--------|-------|------------------------|
> | this | /s/ | /ɪ/(sit의 i와 같음) |
> | these | /z/ | /i/(meet의 ee와 같음) |
>
> | Examples |
>
> | I like **this** book. | I like **these** books. |
> | 나는 이 책을 좋아해. | 나는 이 책들을 좋아해. |

Story for Practice

다음 이야기를 들으며 연습해 보세요.

Mark's Day

Every morning he get<u>s</u> up early, brush<u>es</u> his teeth, wash<u>es</u> his face, and eat<u>s</u>

/s/ · · /ɪz/ · · /ɪz/ · · /s/

breakfast. He kiss<u>es</u> his wife and kid<u>s</u> goodbye. He tak<u>es</u> two bus<u>es</u> to work. He

/ɪz/ · · /z/ · · /s/ · · /ɪz/

usually manag<u>es</u> to get to work before his coworker<u>s</u>. He read<u>s</u> his email, check<u>s</u>

/ɪz/ · · /z/ · · /z/ · · /s/

messag<u>es</u> and return<u>s</u> phone call<u>s</u>. He speak<u>s</u> with his colleague<u>s</u> and client<u>s</u> and

/ɪz/ · · /z/ · · /z/ · · /s/ · · /z/ · · /s/

conduct<u>s</u> meeting<u>s</u>. He focus<u>es</u> on his daily task<u>s</u> and like<u>s</u> to take only 30

/s/ · · /z/ · · /ɪz/ · · /s/ · · /s/

minut<u>es</u> for lunch.

/s/

마크의 하루

매일 아침 그는 일찍 일어나서, 이를 닦고, 세수를 하고, 아침을 먹는다. 아내와 아이들한테 입을 맞추며 작별인사를 한다. 버스를 두 번 타고 일터로 간다. 대개는 가까스로 동료들보다 먼저 일터에 도착한다. 전자메일을 읽고, 메시지를 점검하며, 응답 전화를 걸어준다. 동료들과 고객들과 이야기를 나누고, 회의를 이끌어간다. 그는 매일의 업무에 집중을 하고, 점심시간은 기꺼이 30분만 쓴다.

The /ŋ/ Sound: Pronouncing *ng*

/ŋ/소리: ng 발음하기

*There's as much risk in doi**ng** nothi**ng** as in doi**ng** somethi**ng**.*
무언가를 하는 데도 위험이 따르지만, 무언가를 하지 않는 것에도 똑 같은 위험이 따른다.

Trammell Crow

미국 영어에서는 -ing로 끝나는 단어의 맨 끝 글자 **g**가 탈락되지는 않지만 그렇다고 과도하게 발음되는 것도 아닙니다.

"**I'm goin shoppin.**"이라고 발음하지도 말고, "**I'm going shopping.**"이라고 **g**를 지나치게 강조하지도 마세요. /ŋ/소리를 제대로 내려면 혀의 뒷부분을 들어올려서 입안 뒤편 부드러운 부분인 연구개에 닿게 해야 합니다. /g/소리를 낼 때 혀의 긴장을 주거나 아니면 살짝만 긴장을 푸세요. "**goin' shopin'**"이라고 잘못 발음하게 되는 것은 혀끝이 /n/소리를 내려고 위쪽 앞니 바로 뒤에 닿아서 그렇습니다. "**going shopping**"이라고 발음하면 /g/소리가 너무 많이 개방되어 잘못 발음하게 된 것이지요.

Words for Practice

다음 단어를 들으며 연습해 보세요.

1. doi**ng**
2. teachi**ng**
3. comi**ng**
4. listeni**ng**
5. bei**ng**
6. goi**ng**

Word Pairs for Practice

다음 짝지어진 단어를 들으며 연습해 보세요.

1. doi**ng** nothi**ng** 아무것도 안 하기
2. somethi**ng** wro**ng** 뭔가 잘못된 것
3. looki**ng** you**ng** 어려 보이는
4. weddi**ng** ri**ng** 결혼 반지
5. bri**ng** everythi**ng** 모든 것을 가져오다
6. feeli**ng** stro**ng** 강하게 느끼는

Practice Sentences

다음 문장을 들으며 연습해 보세요.

1. Don't bri<u>ng</u> the wro<u>ng</u> ri<u>ng</u>s to the weddi<u>ng</u>.
   결혼식에 엉뚱한 반지를 가져오면 안 돼요.

2. I love runni<u>ng</u>, skii<u>ng</u>, and swimmi<u>ng</u>.
   나는 달리기, 스키, 수영을 좋아한다.

3. He's looki<u>ng</u> you<u>ng</u> and feeli<u>ng</u> stro<u>ng</u>.
   그는 젊고 강해 보인다.

4. They sell anythi<u>ng</u> and everythi<u>ng</u> in that clothi<u>ng</u> store.
   그들은 그 옷가게에서 무엇이든 다 판다.

Confusing *n* and *ng* Endings

혼란스러운 단어 끝의 n과 ng

thin의 /n/소리는 혀끝이 윗니 바로 뒤편 잇몸에 닿아 나는 소리라는 점을 기억하세요. **thing**의 /ŋ/소리는 혀끝이 아래로 내려가면서 밑에 어디에도 닿지 않습니다. 혀 뒤쪽이 들리면서 입속 뒤쪽에 있는 연구개(부드러운 입천장)에 닿으면서 나는 소리입니다. 아래 그림을 잘 보고 그 차이를 확인하세요.

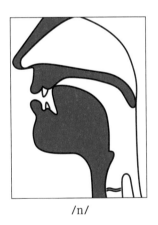 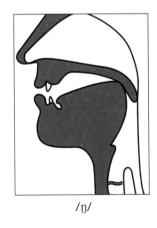

/n/   /ŋ/

Word Contrasts for Practice

다음 단어를 대조해서 들으며 연습해 보세요.

	/n/	/ŋ/		/n/	/ŋ/
1.	thin	thing	4.	win	wing
2.	ran	rang	5.	ban	bang
3.	fan	fang	6.	run	rung

Consonant Clusters

자음군

Hold yourself responsible for a higher standard than anybody expects of you. Never excuse yourself.

누군가 당신한테 기대하는 것보다도 한층 더 높은 기준에 대한 책임감을 스스로 가지세요. 절대 변명하지 마세요.

Henry Ward Beecher

두 개 이상이 연속되는 자음들을 "자음군(**consonant cluster**)"이라고 합니다. 자음군으로 이루어진 단어가 아예 존재하지 않는 언어도 많이 있습니다. 그래서 자음군이 없는 모국어를 쓰는 사람들이 영어를 말할 때는, 연속되는 자음 중에 한 두 개를 그냥 발음하지 않고 넘어가는 경향이 있습니다. 모든 자음을 확실히 발음하는 것을 잊지 마세요! 특히 **x**가 들어간 단어에 주의하세요. 같은 철자라도 어떤 단어에서는 /ks/로 발음되지만, 어떤 단어에서는 /gz/로 발음되니까요. 또 과거 형태에서 **-ed**를 붙이는 많은 동사들이 자음군으로 만들어져 있어요. 예를 들면, **wat**ched, **stop**ped, **pic**ked.

Common Words with Consonant Clusters

자음군으로 이루어진 흔히 쓰이는 단어들

이렇게 발음하세요.	틀린 발음
insta**ntly**	instanly
ho**pe**fully	hofully
apa**rt**ment	aparment
wor**ked**("wor**kt**"처럼 발음된다.)	wor

textbook("tek<u>s</u>tbook"처럼 발음된다.)	tesbook
ex<u>tra</u>("ek<u>s</u>tra"처럼 발음된다.)	estra
vo<u>dk</u>a	voka
stre<u>ngth</u>	strenth
reco<u>gn</u>ize	reconize

Different Sounds for *x*

x의 다양한 소리

철자 x 다음에 오는 모음이 강세를 받으면, x는 **examine**, **exist**와 같이 /gz/로 발음됩니다. x 다음에 자음이 오거나 **x**가 단어의 맨 끝에 오면, **expert**나 **tax**와 같이 /ks/로 발음됩니다. 또 **c** 두 개가 연속으로 나오는 경우 **accent**에서와 같이 **x** 혹은 /ks/소리가 난다는 점에도 유의하세요. 이 두 가지 발음이 여러분의 모국어에 없다면, 이 두 자음의 발음에 아주 조심해야 합니다.

Common Words Spelled with *x* and *cc*

다음 단어를 들으며 x와 cc 발음을 연습해 보세요.

1. extreme	4. extra	7. extract	10. exact
2. accept	5. success	8. context	11. expect
3. next	6. accident	9. extinguish	12. example

Word Contrasts for Practice

다음 각 쌍의 단어를 다르게 발음하는 것에 주의하세요. 첫 번째 단어는 s소리만 들어 있고, 두 번째 단어는 k와 s소리가 들어 있고, x자로 표기된다는 것에 주목하세요. 다음 단어를 대조하여 들으면서 연습해 보세요.

	/s/	/ks/		/s/	/ks/
1.	nest	next	4.	aspect	expect
2.	test	text	5.	contest	context
3.	session	section	6.	mass	Max

Practice Dialogue

다음 대화를 들으며 연습해 보세요.

A: How did you do on the e<u>ntr</u>ance e<u>x</u>am?

입학시험은 어떻게 치렀어요?

B: I wasn't so su<u>cc</u>essful. I e<u>xp</u>ected to pass, but it was e<u>xtr</u>a difficu<u>lt</u>.

시험을 잘 보지 못했어요. 합격하기를 기대했는데, 시험이 특별히 어려웠어요.

A: Did you <u>s</u>tudy all the se<u>cti</u>ons of the te<u>xt</u>book?

교재의 모든 과를 다 공부했나요?

B: Yes, but I have to <u>s</u>tudy harder on the ne<u>xt</u> te<u>st</u> and ho<u>pe</u>fully I will be su<u>cc</u>essful.

예, 그렇지만 다음 시험에는 좀 더 열심히 공부해야겠어요. 그러면 잘 보길 기대할 수 있겠죠.

A: When do you e<u>xp</u>ect to take the ne<u>xt</u> test?

다음 시험은 언제 보려고요?

B: I will atte<u>mp</u>t it in September. I'll be e<u>cs</u>tatic if I get a<u>cce</u>pted at the be<u>st</u> school.

9월에 시험을 치려고 합니다. 최고의 학교에서 입학허가를 받는다면, 정말 기쁠 거예요.

Words Ending with *ts*

ts로 끝나는 단어

ts로 끝나는 단어는 /t/소리와 /s/소리를 모두 발음하도록 하세요. /t/소리는 /s/소리로 부드럽게 넘어가기 위해서 살짝 발음합니다.

Words for Practice

다음 단어를 들으며 연습해 보세요.

1. it's
2. that's
3. states
4. lasts
5. what's
6. doubts

Word Contrasts for Practice

다음 각 쌍의 단어를 다르게 발음하는 것에 주의하세요. 첫 번째 단어는 /s/와 /z/소리가 들어 있고, 두 번째 단어는 /t/와 /s/소리가 들어 있습니다. 다음 단어를 대조하여 들으면서 연습해 보세요.

	/s/ or /z/	/ts/			/s/ or /z/	/ts/
1.	is	its		5.	was	what's
2.	stays	states		6.	pains	paints
3.	less	lets		7.	knees	knits
4.	fax	facts		8.	lies	lights

Practice Sentences

다음 문장을 들으며 연습해 보세요.

1. There are three flights to the United States.
   미국행 비행기가 세 대 있다.

2. She adds and subtracts the costs.
   그녀는 비용을 가감한다.

3. Please give the dates to the courts.
   법정에 날짜를 알려주세요.

4. The applicants signed the contracts.
   지원자들은 계약서에 서명했다.

5. He accepts the facts about the Democrats.
   그는 민주당원들에 대한 사실을 인정한다.

Pronouncing the *ds* Cluster

ds 연속자음 발음하기

ds로 끝나는 단어는 /d/소리와 /z/소리가 모두 발음된다는 것을 명심하세요. **s**는 /z/소리로 발음됩니다. 왜냐하면 유성음인 /d/소리에 잇따라 오기 때문입니다. /d/소리는 /z/소리로 부드럽게 넘어가기 위해서 살짝 발음해야 합니다.

Words for Practice

다음 단어를 들으며 연습해 보세요.

1. needs
2. decades
3. sends
4. friends
5. kids
6. sounds

Word Contrasts

다음 각 쌍의 단어를 다르게 발음하는 것에 주의하세요. 첫 번째 단어는 /z/소리만 들어 있고, 두 번째 단어는 /d/와 /z/소리가 들어 있습니다. 다음 단어를 대조하여 들으면서 연습해 보세요.

/z/	/dz/		/z/	/dz/
1. fine<u>s</u>	fin<u>ds</u>	4. ri<u>s</u>e	ri<u>des</u>
2. car<u>s</u>	car<u>ds</u>	5. len<u>s</u>	len<u>ds</u>
3. fee<u>s</u>	fee<u>ds</u>	6. bill<u>s</u>	bui<u>lds</u>

Practice Sentences

다음 문장을 들으며 연습해 보세요.

1. Davi<u>d's</u> and E<u>d's</u> ki<u>ds</u> are frien<u>ds</u>.
   데이비드의 아이들과 에드의 아이들은 친구 사이이다.

2. She fee<u>ds</u> the ca<u>ts</u> and clea<u>ns</u> the yar<u>ds</u>.
   그녀는 고양이 밥을 주고 마당을 청소한다.

3. The bri<u>des</u> got diamon<u>ds</u> from their husban<u>ds</u>.
   신부들은 신랑들로부터 다이아몬드를 얻었다.

4. He accep<u>ts</u> ri<u>des</u> from frien<u>ds</u>.
   그는 친구들 차를 타고 가기로 한다.

5. He nee<u>ds</u> the fac<u>ts</u> about the deb<u>ts</u>.
   그는 빚의 실태 파악이 필요하다.

Chapter

05

SYLLABLE

STRESS

음절 강세

SYLLABLE STRESS

음절 강세

음절(syllable)은 하나의 모음 혹은 하나의 모음과 한 두 개의 자음으로 이루어진 말의 작은 단위입니다. 음절들이 강세를 받거나 강세가 받지 않음으로 해서 영어 단어의 기본적인 리듬 유형이 만들어집니다.

각 음절마다 같은 정도의 강세가 오는 언어도 많이 있습니다. 예를 들면, 많은 언어에서 **banana**라는 단어는 다음과 같이 발음됩니다.

b̄a n̄a n̄a (모든 음절이 모두 동등한 강세를 받는다.)

그러나 영어에서는 다음과 같이 발음됩니다.

ba **n̄a** n̄a (두 번째 음절에 강세가 온다.)

강세를 받는 음절의 모음은 더 길고, 크고, 높은 소리로 발음합니다. 강세를 받지 않는 음절의 모음은 소리가 약화되어 "**schwa**(악센트가 없는 약한 모음을 뜻함)"라고 하는 중성 단모음이 되며 /ə/로 발음됩니다. 철자는 **a, e, i, o, u**와 같이 모두 다를 수 있지만, 만일 5개의 모음이 모두 약화된 음절의 부분이라면, 모두 /ə/로 같은 소리를 낼 수도 있습니다. 여러분도 아시다시피, 단어의 철자가 어떤지보다는 어떤 음절이 강세를 받는지를 아는 것이 더 중요합니다. 만일 사람들이 여러분이 말하는 어떤 단어를 못 알아듣는다면, 아마도 여러분이 엉뚱한 음절에 강세를 주어 발음하는 경우일 것입니다.

주의: 발음을 표기하자면 **banana**는 /bə'nænə/라고 할 수 있습니다. /n/소리 앞의 작은 악센트 표시는 다음에 오는 음절에 강세가 온다는 뜻입니다. 여러분 사전에는 강세 표시가 다르게 표기되어 있을 수도 있습니다.

Stressed and Reduced Vowels

강세를 받는 모음과 약화된 모음

다음 짝지어진 단어를 듣고, 음절에 강세가 오느냐 약화되었느냐에 따라 변하는 모음 소리의 변화에 주의하세요. 짝지은 단어 중 앞에 나온 단어는 음절이 하나밖에 없어서 모음이 충분히 발음되어야 합니다. 두 번째 단어는 2음절어인데, 두 번째 음절이 약화된 것입니다. 그러나 두 번째 단어의 끝이 앞에 나온 단어와 똑같을지라도 그 모음은 달리 발음됩니다. 그 모음이 약화된 음절에 속해 있기 때문입니다.

	완전 모음	약화된 모음
	1음절	강세를 받지 않는 두 번째 음절
1.	/æ/ man	/ə/ salesman
2.	/oʊ/ pose	/ə/ purpose
3.	/ɛɪ/ race	/ə/ terrace
4.	/ɛɪ/ late	/ə/ chocolate
5.	/ɔ/ cord	/ə/ record
6.	/ɛɪ/ rage	/ə/ courage
7.	/æ/ fast	/ə/ breakfast
8.	/æ/ land	/ə/ England

이번에는 약화된 첫 음절을 가지고 있는 단어를 듣고, 모음의 변화를 잘 들어 보세요.

	완전 모음	약화된 모음
	강세를 받음	강세를 받지 않는 첫 번째 음절
1.	/ɑ/ con	/ə/ control
2.	/æ/ ad	/ə/ advice

3.	/æ/ l**a**g	/ə/ l**a**goon
4.	/ɔ/ b**a**ll	/ə/ b**a**lloon
5.	/ɛ/ r**e**d	/ə/ r**e**duce
6.	/ɔ/ **o**ff	/ə/ **o**ffend
7.	/æ/ m**a**t	/ə/ m**a**terial
8.	/æ/ m**a**d	/ə/ M**a**drid

Comparing Stressed and Reduced Vowels

강세를 받는 모음과 약화된 모음 비교하기

a자로 시작하는 몇몇 단어를 비교해 보세요. 첫 번째 단어는 강세를 받는 음절의 일부로 a자로 시작하며, 두 번째 단어는 약화된 음절의 일부로 a자로 시작합니다. 발음의 차이에 주의하세요. 첫 번째 단어는 /æ/소리가 나고, 두 번째 단어는 /ə/소리가 납니다. 두 단어의 차이에 주의하여 연습해 보세요.

Word Pairs for Practice

1. 강세를 받는 a와 약화된 a

Stressed a = /æ/ sound	Reduced a = /ə/ sound
absent	**about**
after	**afford**
address (명사)	**address** (동사)

adverb	admit
allergy	allergic
ally	allow
angry	annoyed
apple	apply

2. 강세를 받는 *e*와 약화된 *e*

자 이제 몇몇 흔히 쓰이는 단어에서 강세를 받는 *e*자와 약화되는 *e*자를 연습해 보세요. 첫 번째 단어는 /ɛ/로 소리 나는 *e*의 강세를 받는 첫음절이 있고, 두 번째 단어는 /ə/와 같은 소리가 나는 *e*의 약화된 첫음절이 있습니다. 각각의 단어를 비교하여 연습해 보세요.

Stressed *e* = /ɛ/ sound	Reduced *e* = /ə/ sound
envy	enjoy
edit	edition
extra	exact
enter	enough
enemy	explode
episode	escape
empty	employ

3. *con*으로 시작하는 단어

자 이제 **con**으로 시작하는 단어에서 **o**자가 강세가 있는 경우와 약화된 경우를 연습해 보세요. 첫 번째 단어는 첫음절에 강세가 있고, 두 번째 단어는 둘째 음절에 강세가 있습니다. 첫 번째 단어에서 **con**은 /kɑn/처럼 소리 나며, 두 번째 단어에서 **con**은 /kən/처럼 소리 납니다. 각각의 단어를 비교하여 연습해 보세요.

Stressed o = /ɑ/ sound	Reduced o = /ə/ sound
concert	concern
contact	conclude
conflict	confess
conscious	confirm
contrary	continue
concept	confuse
confident	convince
contract	connect

4. pro로 시작하는 단어

강세를 받는 o와 약화된 o자가 있는 좀 더 많은 단어를 연습해 보세요. 다음은 아주 흔히 쓰이는 pro로 시작하는 단어들입니다. 첫 번째 단어는 첫음절에 강세가 있으므로 pro는 /prou/처럼 소리 납니다. 두 번째 단어는 첫음절이 약화되어 pro는 /prə/처럼 소리 납니다. 각각의 단어를 비교하여 연습해 보세요.

Stressed o = /ɑ/ sound	Reduced o = /ə/ sound
product	produce
process	proceed
problem	procedure
profit	professor
progress	professional
probably	pronounce

Dangers of Stressing the Wrong Syllable

엉뚱한 음절에 강세를 주는 경우 발생하는 위험

엉뚱한 음절에 강세를 주면 상대방에게 오해를 불러일으킬 수 있습니다. 사람들은 여러분이 전혀 다른 단어를 발음하고 있다고 생각할 테니까요. 다음 단어들은 음절 강세가 미국 악센트에서 왜 그토록 중요한 요소가 되는지 그 이유를 보여주는 좋은 예입니다. 듣고 따라해 보세요.

1. ***no**ble* 숭고한, 웅장한, 귀족의

   *No**bel*** 업적에 관한 명망 있는 상

   He won the **Nobel** Prize for his **noble** effort.
   그는 그의 숭고한 노력으로 노벨상을 받았다.

2. ***in**valid* 병들거나 불구인 사람, 병약자

   *in**val**id* 법적으로 유효하지 못한, 무효의

   The **invalid** has an **invalid** permit.
   그 환자는 실효성이 없는 증명서를 가지고 있다.

3. ***per**sonal* 개개인의, 개인적인

   *person**nel*** (조직 · 군대의) 인원[직원들]

   Some of the **personnel** have some **personal** problems.
   일부 직원들은 몇 가지 개인적인 문제들을 가지고 있다.

4. ***el**igible* 선택할 가치가 있는, 적합한, 법적으로 자격이 있는

   *il**leg**ible* 읽기 불가능하거나 어려운

   You won't be **eligible** for that position if your handwriting is **illegible**.
   당신의 글씨가 알아보기 힘들다면, 그 자리에는 적합하지 않을 것입니다.

5. ***pro**nouns* 대명사

   *pro**noun**ce* 발음하다, 말을 하다

   Can you **pronounce** those **pronouns** correctly?
   저 대명사들을 정확하게 발음할 수 있습니까?

6. ***co**medy* 코미디

   *com**mit**tee* 위원회

   The **committee** watched a **comedy**.
   위원회는 코미디를 관람했다.

7. *ad**van**tages* 이점이나 이득

   *advan**ta**geous* 이점이 있는, 유용한

   It would be **advantageous** to learn about the **advantages** of that method.
   그 방법의 이점을 알아두는 것이 유리할 것입니다.

8. **de**cade　10년

   de**cayed**　섞거나 폐허가 된

   Their relationship has **decayed** in the past **decade**.
   그들의 관계는 과거 십 년간 못쓰게 되어버렸다.

9. **con**tent(명사)　내용

   con**tent**(형용사)　만족하는

   Are you **content** with the **content** of that letter?
   그 편지 내용에 만족하십니까?

10. ca**reer**　직업, 직업상의 경력

    carrier　운반하는 사람이나 회사

    He had a **career** working for an aircraft **carrier**.
    그는 항공모함에서 일하며 직업 경력을 쌓았다.

Study Tip

여러분의 일터나 학문 분야에서 자주 사용되는 단어들을 목록으로 만들어 보세요. 네이티브 스피커인 동료나 학교 친구들한테 부탁해서 그 단어들을 녹음합니다. 어떤 음절에 강세가 오는지 주의하면서 들어보세요.

General Rules for Stress Placement

강세 위치의 일반적인 규칙

여기에서는 미국 영어 음절 강세의 일반적인 가이드라인과 유형을 다룰 것입니다. 이 규칙들에는 많은 예외가 있습니다. 또 영어 음절 강세는 아주 불규칙하다는 점도 잊지 마세요. 새로운 단어나 헷갈리는 단어를 보면 사전을 이용하거나 네이티브 스피커에게 묻는 습관을 들이세요.

2음절 단어		
	명사	동사
	첫 음절에 강세	두 번째 음절에 강세
1.	action	produce
2.	paper	achieve
3.	building	apply

4.	concert	succeed
5.	teacher	attach
6.	father	employ
7.	window	include
8.	garden	destroy

Noun and Verb Pairs

명사와 동사

아래 짝지어진 명사와 동사의 쌍은 철자는 같지만 발음은 다릅니다. 음절 강세가 변하기 때문입니다. 강세를 받지 않는 음절 안에 있는 모음은 약하게 발음한다는 점에 주의하세요. 먼저 동사를 듣고, 그 다음에 명사를 듣습니다. 듣고 따라해 보세요.

명사	동사	명사	동사
1. **ad**dict	ad**dict**	11. **ob**ject	ob**ject**
2. **con**duct	con**duct**	12. **pre**sent	pre**sent**
3. **con**flict	con**flict**	13. **pro**duce	pro**duce**
4. **con**test	con**test**	14. **pro**gress	pro**gress**
5. **con**vert	con**vert**	15. **re**bel	re**bel**
6. **con**vict	con**vict**	16. **re**cord	re**cord**
7. **de**fect	de**fect**	17. **re**search	re**search**
8. **de**sert	de**sert**	18. **sub**ject	sub**ject**
9. **in**crease	in**crease**	19. **sus**pect	sus**pect**
10. **in**sult	in**sult**		

주의: 위 단어 중 어떤 것들은 동사로 쓰일 때와 명사로 쓰일 때 완전히 다른 의미로 쓰입니다.

Practice Sentences

다음 문장에서 굵은 글씨로 표시된 동사와 명사의 강세를 받는 음절에 밑줄을 그으십시오. 녹음을 듣고 정답을 확인하세요.

1. The singer wants to **record** a new **record**.

   그 가수는 새로운 녹음을 하기를 원한다.

2. The drug **addict** is **addicted** to heroin.

   그 약물 중독자는 헤로인에 중독되어 있다.

3. He **insulted** me with a rude **insult**.

   그는 무례한 행동으로 나를 모욕했다.

4. I would like to **present** all of the **present** members.

   나는 현재 구성원 모두를 소개하고 싶다.

5. This **permit permits** you to park your car here.

   이 허가서는 당신의 차를 여기에 주차할 수 있도록 허가한다.

6. They **protested** in the **protest**.

   그들은 항의서에서 이의를 제기했다.

7. Do you **object** to this **object**?

   이 목표에 반대하십니까?

8. The **convict** was **convicted** again.

   그 죄수는 또다시 유죄를 선고받았다.

9. I **suspect** that they caught the **suspect**.

   나는 그들이 용의자를 잡았다는 것이 의심스럽다.

10. They are going to **contest** the results of the **contest**.

    그들은 경쟁의 결과에 대해 다툴 것이다.

Practice Dialogue

다음 대화를 들으며 연습해 보세요. 녹음을 듣기 전에 굵은 글씨로 표시된 단어의 강세가 있는 음절에 밑줄을 그어 보세요.

A: Have you heard? The police caught the **suspect**!

들었니? 경찰이 용의자를 잡았대!

B: Do you mean the one who is **suspected** of robbing the bank?

은행 강도 혐의를 받은 그 사람 말이야?

A: Yes, I heard that he had a criminal **record**.

그래. 그 사람은 전과 기록도 있다고 들었어.

B: Oh really? What crime was he **convicted** of?

정말? 무슨 죄로 유죄판결을 받은 거야?

A: He's a drug **addict** who has been robbing banks to support his **addiction**.

그 사람은 마약을 구하려고 은행강도를 해 온 약물중독자야.

B: How many years do you think he will spend in prison?

그럼 그 사람은 몇 년이나 감옥에 있게 될까?

A: A maximum of ten years. But he might be released early on good **conduct**.

최대 10년이지. 그렇지만 좋은 행동을 보이면 일찍 석방될 거야.

B: If he **conducts** himself badly and **insults** the prison guards, I wonder if his sentence will be **increased**.

그가 나쁘게 행동하고 간수를 모욕하면 그 사람 판결 형량이 늘어나는 건지 궁금한데.

A: I don't know. I haven't heard of a prison term **increase** for **insults** and bad **conduct**.

나도 몰라. 모욕적인 언동과 나쁜 행동 때문에 형량이 늘어난다는 말은 들어보질 못했어.

Words Ending in -*tion* and -*ate*

-tion과 -ate로 끝나는 단어

-**ate**로 끝나는 동사의 강세는 첫 음절에 옵니다. 그러나 -**tion**으로 끝나는 명사는 접미사 -**tion**의 앞 음절에 강세가 옵니다. 다음 표의 예를 잘 살펴보세요.

	어미가 -**ate**로 끝나는 동사	어미가 -**tion**으로 끝나는 명사
	강세가 첫 음절에 온다.	강세가 접미사 -**tion** 앞에 온다.
1.	activate	activation
2.	celebrate	celebration
3.	congratulate	congratulation
4.	demonstrate	demonstration
5.	donate	donation
6.	frustrate	frustration
7.	imitate	imitation
8.	locate	location

-*ate* Endings of Verbs and Nouns

-ate로 끝나는 동사와 명사

-ate로 끝나는 동사로는 완전히 발음되지만 형용사나 명사로 쓰일 때는 발음이 약해집니다. 예를 들어, **separate**의 -ate는 동사로 쓰일 때는 /eɪt/로 발음되지만 형용사로 쓰일 때는 /ɪt/로 발음됩니다.

Word Pairs for Practice

다음 짝지어진 단어를 들으며 연습해 보세요.

1. a. separate /eɪt/(동사)

   They have decided to **separate**.
   그들은 헤어지기로 결정했다.

   b. separate /ɪt/(형용사)

   They will live in **separate** houses.
   그들은 각각의 집에서 따로 살 것이다.

2. a. alternate /eɪt/(동사)

   She **alternates** between feeling happy and sad.
   그녀는 행복한 감정과 슬픈 감정이 교차한다.

   b. alternate /ɪt/(형용사)

   Do you have an **alternate** plan?
   너는 다른 계획이 있는 거야?

3. a. graduate /eɪt/(동사)

   He will **graduate** next spring.
   그는 오는 봄에 졸업할 것이다.

   b. graduate /ɪt/(명사)

   He will be a college **graduate**.
   그는 대졸자가 될 것이다.

4. a. estimate /eɪt/(동사)

   Can you **estimate** the cost of the repairs?
   수리 비용을 가늠할 수 있으세요?

   b. estimate /ɪt/(명사)

   I would like to have an **estimate** of the costs.
   나는 비용 견적을 받고 싶어요.

5. a. duplicate /eɪt/(동사)

   I will **duplicate** this document.
   이 서류를 복사하려고요.

   b. duplicate /ɪt/(명사)

   Please make a **duplicate** of it.
   그것의 사본을 만들어 주세요.

6. a. appropriate /eɪt/(동사)

   The city **appropriated** the money for the new park.
   시는 새로운 공원을 위해 돈을 책정했다.

   b. appropriate /ɪt/(형용사)

   It was an **appropriate** decision.
   그것은 적당한 결정이었다.

More Stressed Suffixes

기타 강세를 받는 접미사들

-ee, -ette, -ique, -ese, -eer, -ain과 같은 접미사로 끝나는 단어를 찾아보세요. 이런 단어에서는 언제나 접미사에 강세가 옵니다.

1. employ**ee**	4. cass**ette**	7. Japan**ese**	10. volunt**eer**
2. train**ee**	5. un**ique**	8. Chin**ese**	11. maint**ain**
3. cigar**ette**	6. bout**ique**	9. engin**eer**	12. expl**ain**

Rules for Prefixes

접두사에 관한 규칙들

접두사에는 어떤 때는 강세가 오고 어떤 때는 오지 않습니다. '접두사+동사'의 조합에서는 보통 두 번째 음절에 강세가 옵니다. 몇 가지 예를 보세요.

over**sleep**	under**stand**	out**live**	re**write**
over**do**	under**take**	out**perform**	re**do**

그러나 '접두사+어근'이 명사가 될 때에는 첫 음절에 강세가 오지요.

oversight	**under**taker	**re**fill	**out**sourcing
overdose	**under**wear	**re**peat	**out**come

재귀대명사에서는 마지막 음절에 강세가 옵니다. 널리 쓰이는 다음의 예를 보세요.

my**self**	it**self**	it**self**
your**self**	her**self**	our**selves**

 Study Tip

더 큰 소리로 읽고, 사전을 이용해 더 긴 단어를 찾아 밑줄을 치고, 강세가 오는 음절을 확인하는 연습을 하세요. 여러분의 사전이 단어를 체크하는 것을 도와줄 것입니다.

Practice with Prefixes

동일한 접두사가 붙은 아래 단어들을 강세 변화에 주의하며 연습해 보세요. 명사에서는 접두사에 강세가 오고, 동사에서는 어근에 강세가 옵니다. 듣고 따라해 보세요.

접두사	접두사+어근=명사	접두사+어근=동사
	접두사에 강세가 온다.	어근에 강세가 온다.
pre-	preview, prefix	prevent, prepare, predict, precede, prefer, pretend
per-	permit	perform, persuade, permit
pro-	product, process, profit, progress, project, program	produce, protect, propose, project, prolong, profess, promote
mis-	mischief, misprint, misfit	misplace, misquote, misread
con-	concert, contest, conflict, congress, concept, content	confess, control, conduct, confuse, confirm, consent, console
com-	complex, compound	compete, complain, compare, compose, compute
ob-	object	observe, obtain, obsess, obscure, obstruct
sub-	subject, suburb, subway	subtract, submit, subscribe
ex-	expert, exile, excerpt	explain, extract, exhale, excuse, exchange, exceed, exclude, excite
de-	detail, defect, decrease	deny, demand, defend
dis-	discount, discourse, district	discuss, distrust, disturb
a-	access, addict, anchor	agree, apply, admit, adore, afford, alert, applaud, approve, arrange, attack

Practice Paragraph

굵은 글씨로 강조된 동사와 명사에서 강세가 오는 음절에 밑줄을 그어보세요. 먼저 듣고, 두 번째는 듣고 따라해 보세요.

The Protest

The **protesters** gathered in front of the government building **expecting** to confront the elected officials. They were protesting the recently uncovered corruption. It is believed that the officials were inside the building discussing the conflict. The crowds threatened to disrupt the meeting. Some workers complained about receiving threats from the protesters. The mayor confirmed that he would conduct an investigation and try to resolve the conflict. The sheriff will assist him to compile all the details of the investigation. The mayor assured the public that he would make an effort to protect the citizens from further corruption.

항의

항의 군중들은 선출된 공무원들과 맞서기를 기대하면서 정부 청사 앞에 모였다. 그들은 최근에 밝혀진 비리에 항의하고 있었다. 공무원들은 쟁의에 대해 토론하면서 청사 안에 있는 것으로 생각된다. 군중들은 회의를 중단시키겠다고 위협했다. 일부 노동자들은 시위대로부터 위협을 받고 있다고 불만을 표시했다. 시장은 갈등 해결을 위해 조사를 실시할 것이라고 확인해 주었다. 치안 책임자는 조사의 모든 상세한 사항을 종합하기 위해 시장을 도울 것이다. 시장은 더 이상의 비리로부터 시민들을 보호하려는 노력을 하겠다고 대중을 안심시켰다.

Syllable Stress Changes

음절 강세의 변화

단어가 명사에서 동사, 형용사, 부사로 변화하면, 강세의 위치도 빈번히 바뀝니다. 다음 단어들의 강세 위치를 주의깊게 들어보세요. 네이티브 스피커가 아닌 사람들이 흔히 잘못 발음하는 단어들을 모았습니다.

1.	**po**litics	po**li**tical	poli**ti**cian
2.	**pho**tograph	photo**gra**phic	pho**to**graphy
3.	com**pete**	com**pe**titive	compe**ti**tion
4.	e**co**nomy	eco**no**mical	e**co**nomize
5.	**de**mocrat	de**mo**cracy	demo**cra**tic
6.	**fa**mily	fa**mi**liar	famili**a**rity
7.	**ne**cessary	neces**sa**rily	ne**ce**ssity
8.	**ho**spital	hospi**ta**lity	**ho**spitable
9.	**o**rigin	origi**nal**ity	o**ri**ginal
10.	me**cha**nic	**me**chanism	me**cha**nical
11.	de**fine**	defi**ni**tion	**de**finitely
12.	**va**ry	va**ri**ety	vari**a**tion
13.	**cou**rage	cou**ra**geous	
14.	**pro**bably	proba**bi**lity	

15. ge**o**graphy   geog**ra**phic
16. **me**mory   me**mo**rial
17. **Ca**nada   Ca**na**dian
18. ig**no**re   **ig**norance

Sentence Pairs for Practice

다음 짝지어진 문장들을 들으며 연습해 보세요. 강조된 단어 안에서 강세가 오는 음절에 밑줄을 그어보세요. 오디오를 듣고 정답을 확인해 보세요.

1. A: He likes **politics**.

   그는 정치를 좋아한다.

   B: He wants to be a **politician**.

   그는 정치가가 되기를 원한다.

2. A: I love **photography**.

   나는 사진을 좋아해요.

   B: Do you take a lot of **photographs**?

   당신은 사진을 많이 찍나요?

3. A: He studied **economy**.

   그는 경제학을 공부했다.

   B: He is an **economical** shopper.

   그는 검소하게 쇼핑하는 사람이다.

4. A: Do you know that **family**?

   그 가족을 아세요?

   B: Yes, they're **familiar** to me.

   예, 그 사람들하고 저는 친합니다.

5. A: He is a very good **mechanic**.

   그는 훌륭한 기계공이다.

   B: He is fixing the **mechanism**.

   그는 기계 장치를 고치고 있다.

6. A: Their opinions **vary**.

   그들의 의견은 다양하다.

   B: There is a **variety** of opinions in the room.

   그 방에는 다양한 의견들이 있다.

7. A: We celebrate **Memorial** Day.

   우리는 현충일을 기념합니다.

   B: It's in **memory** of the veterans.

   그날은 참전 용사들을 기리는 날이지요.

8. A: Do you know the **origin** of your name?

   당신 이름의 기원을 알고 있나요?

   B: No, it's pretty **original**.

   아뇨, 제 이름은 아주 독창적인걸요.

9. A: He is a registered **Democrat**.

   그는 등록된 민주당원이다.

   B: He watched the **democratic** debate on TV.

   그는 TV로 민주적인 토론회를 보고 있었다.

10. A: It is not **necessary** to do that.

    그 일은 할 필요가 없어요.

    B: I don't **necessarily** agree.

    그렇다고 해서 내가 꼭 동의하는 것은 아니에요.

11. A: He likes to **compete**.

    그는 경쟁하기를 좋아한다.

    B: He's always been very **competitive**.

    그는 늘 경쟁심이 강했다.

Practice Paragraph

다음 글을 들으며 연습해 보세요. 굵은 글씨로 강조한 단어 안에서 강세가 오는 음절에 밑줄을 그으세요. 오디오를 듣고 정답을 확인하세요.

American Declaration of Independence

When in the Course of human **events** it **becomes necessary** for one people to **dissolve** the **political** bands which have **connected** them with another and to **assume** among the powers of the earth, the **separate** and equal station to which the Laws of **Nature** and of Nature's God **entitle** them, a **decent respect** to the **opinions** of mankind **requires** that they should **declare** the causes which **impel** them to the **separation**.

We hold these truths to be self-evident, that all men are **created** equal, that they are **endowed** by their **Creator** with certain unalienable Rights, that among these are Life, Liberty and the **pursuit** of Happiness. That to secure these rights, **Governments** are instituted among Men, **deriving** their just powers from the **consent** of the **governed**.

미국 독립 선언문

인류의 역사에서 한 민족이 다른 한 민족과의 정치적 결합을 해체하고 세계의 여러 나라 사이에서 자연법과 자연의 신의 법이 부여한 독립, 평등의 지위를 가지는 것이 필요하게 되었을 때, 인류의 신념에 대한 엄정한 고려는 우리로 하여금 독립을 요청하는 여러 원인을 선언하지 않을 수 없게 한다. 우리들은 다음과 같은 것을 자명한 진리라고 생각한다. 즉, 모든 사람들은 평등하게 태어났으며, 조물주는 몇몇 양도할 수 없는 권리를 부여했으며, 그 권리 중에는 생명과 자유와 행복의 추구가 있다. 이 권리를 확보하기 위하여 인류는 정부를 조직했으며, 이 정부의 정당한 권력은 인민의 동의로부터 유래하고 있는 것이다.

Reduced Vowels for Review

약화되는 모음 정리

강세와 약화에 관해 다루는 이 중요한 장을 마지막으로 정리하면서, 여러분은 여러분의 모국어를 발음하듯이 영어의 개별적인 발음을 모두 완전히 발음해버리는 습관을 바꿀 수 있는 기회를 갖게 될 것입니다. 미국 악센트 에서 가장 중요한 요소 중 하나가 강세와 약화의 개념이라는 점을 기억해야 합니다.

다음 단어 목록을 한 번에 한 줄씩 읽어보세요. 강세를 받지 않는 음절의 모음은 약화되어 /ə/로 발음됩니다. 모음의 철자는 다르지만 발음은 아래 그룹이 보여주는 것과 같이 모두 같습니다.

	A. /əl/로 끝나는 단어 연습				
	-le	-al	-el	-ul	-ol
1	little	social	level	awful	symbol
2	gamble	mental	marvel	beautiful	idol
3	able	final	travel	careful	capitol
4	double	practical	angel	faithful	
5	cycle	local	bagel	harmful	
6	handle	animal	novel	thankful	

	-an	-en	-on	-ion
	B. /ən/으로 끝나는 단어 연습			
1	ocean	fasten	common	fiction
2	American	children	person	nation
3	urban	chicken	lesson	million
4	German	dozen	iron	direction
5	woman	given	melon	attention
6	veteran	driven	Jefferson	action

	-ar	-er	-or	-ure
	C. /ər/로 끝나는 단어 연습			
1	grammar	teacher	visitor	culture
2	popular	driver	liquor	measure
3	sugar	singer	actor	injure
4	familiar	answer	color	future
5	nuclear	sister	junior	failure
6	regular	border	major	pressure

	-ace	-ous	-ose	-uce
	D. /əs/로 끝나는 단어 연습			
1	terrace	cautious	purpose	lettuce
2	necklace	fabulous		
3	palace	dangerous		
4	grimace	curious		
5	surface	delicious		
6	preface	religious		

	-ant		-ent	
	E. /ənt/로 끝나는 단어 연습			
1	distant		present	
2	elegant		accent	
3	infant		talent	
4	instant		frequent	
5	constant		document	
6	important		payment	

주의: 아래 그룹의 단어는 마지막 음절보다는 첫음절이 약화됩니다.

	a-	e-	o-	u-
	F. /ə/로 시작하는 단어 연습			
1	attain	enough	obtain	undo
2	achieve	elect	object	unfit
3	admit	effect	observe	untie
4	adore	equip	obsess	unhappy
5	awake	exam	offend	uncover
6	announce	example	occur	unlock

Chapter

06

WORD

STRESS

단어 강세

WORD STRESS

단어 강세

이 장에서는 문장 안에서 단어에 강세를 주는 규칙을 배우게 될 것입니다. 문장 안에서 올바른 단어에 강세를 주면, 여러분들이 하는 말은 네이티브 스피커들에게 익숙한 자연스러운 리듬과 멜로디를 지니게 될 것입니다. 단어의 강세와 약화는 영어를 음악처럼 만들어줍니다.

만약 여러분이 말하는 문장들을 다른 사람들이 못 알아듣는다면, 그것은 여러분이 아무 단어에도 강세를 주지 않았거나, 아니면 엉뚱한 단어에 강세를 주었기 때문일 수 있습니다. 만약 어떤 단어도 강조를 하지 않는다면, 여러분이 하는 말은 밋밋하고 지루하게 들립니다. 그리고 듣는 사람은 어떤 말이 어디에서 시작하는지 또 어디에서 끝나는지 알 수가 없을 것입니다. 또 엉뚱한 단어에 강세를 준다면, 여러분이 하는 말은 아주 낯설게 들릴 겁니다. 예를 들어, "I'll **see** you later."또는 "Have a **nice** day."라고 말한다면, 미국 사람들 귀에는 너무나 낯설게 들립니다. 단어의 강세를 바꾸어 보세요. "I'll see you **later**.", "Have a nice **day**." 하고 말하면, 네이티브 스피커들은 익숙한 말투로 알아듣게 됩니다. 그리고 설사 말을 빨리 한다고 하더라도, 여러분의 말을 더 잘 이해하게 될 것입니다. 말을 너무 급하게 하는 경향이 있는 사람도, 단어 강세를 정확하게 주면서 말하는 법을 배우다 보면 자동적으로 말을 늦추게 됩니다.

단어 강세가 변하면 종종 그 의미도 변한다는 점에도 유의하세요. 예를 들면:

"I went to the white **house**."
or
"I went to **White** House."

첫 번째 문장은 '하얀 집'에 갔다는 뜻이고, 두 번째 문장은 미국 대통령이 살고 있는 장소에 갔다는 말이지요. 이제 단어 강세의 몇 가지 규칙에 대해 배워봅시다.

Compound Nouns

복합명사

복합명사(**compound noun**)는 각각 의미를 지닌 두 개의 단어가 나란히 늘어서서 한 가지의 의미를 나타냅니다. 복합명사는 두 단어가 하나의 단위가 되고, 하나의 세트인 구(**phrase**)가 되는 것입니다. 대개 복합명사는 **credit** + **card**처럼 두 개의 명사로 이루어진 경우가 많습니다. 복합명사는 앞 단어에 강세가 오며, 두 단어 사이를 띄어서 말하지 않고 같이 붙여서 말합니다. **key**와 **board**는 **keyboard**로 발음됩니다.(복합명사는 붙여서 하나의 단어로 쓸 수도 있고, 두 단어로 나누어 쓸 수도 있다는 점에 주의하세요.)

Compound Nouns for Practice

다음 복합명사를 들으며 연습해 보세요. 앞에 나오는 단어에 강세를 주면서 두 단어를 한 단어처럼 발음하세요.

1. **parking** lot
2. **parking** ticket
3. **parking** meter
4. **parking** space
5. **book** shelf
6. **book** cover
7. **book**store
8. **book**mark
9. **credit** card
10. **post**card
11. **report** card
12. **green** card
13. **foot**ball
14. **base**ball
15. **ball**park
16. **ball**room

Compound Noun Practice

다음 복합명사를 들으며 연습해 보세요. 복합명사 안에 포함된 복합명사도 첫 단어에 강세를 주세요.

1. **cell** phone number
2. **foot**ball game
3. **bed**room furniture
4. **high** school girl
5. **basket**ball coach
6. **blood** pressure medicine
7. **web**site address
8. **parking** lot attendant

Practice Dialogue

Going on a Business Trip 출장 가기

A: I'm getting ready for my **business** trip.
나는 출장 갈 준비를 할 거야.

B: Have you bought your **airline** ticket?
항공권은 구입했니?

A: Yes, I got a **window** seat.
그래, 창 측 좌석을 구입했어.

B: Have you made **hotel** reservations?
호텔 예약은 했니?

A: Yes, I got a **hotel** room with a nice view.
응, 전망이 좋은 호텔을 예약했어.

B: Have you packed your **suit**case?
가방은 꾸렸니?

A: I still need to pack my **bathing** suit and **running** shoes.
나는 아직 수영복과 운동화를 싸야 해.

B: Why are you taking a **bathing** suit and **running** shoes on a **business** trip?
출장 가는 데 왜 수영복과 운동화를 가져가니?

A: Because the hotel has a **swimming** pool and a **workout** room.
호텔에는 수영장과 운동할 수 있는 곳이 있기 때문이야.

B: Don't forget your **lap**top.
잊지 말고 노트북 컴퓨터를 가져가.

A: It's on my **check**list.
그것은 내 체크리스트에 들어 있어.

B: And your **smart**phone.
그리고 네 스마트폰도.

A: Oh, I won't. I don't go anywhere without my **smart**phone.
오, 난 잊지 않을 거야. 나는 어디 갈 때마다 꼭 스마트폰을 가져가.

 **Remember!**

어떤 단어에 강세를 준다는 것은 그 단어의 강세를 받는 음절이 더 크게, 더 길게, 음조가 더 높다는 의미입니다.

1. 더 크게 Have a nice **WEEK**end. 주말 잘 보내라.

2. 더 길게 Have a nice **weeeeek**end.

3. 더 높은 음조로 Have a nice **week**end.

Proper Stress with Adjectives

형용사가 있는 단어의 적절한 강세

형용사가 명사 앞에 오면, 명사에 강세가 옵니다.

nice **day**   small **room**   blue **eyes**   old **man**
big **house**   long **time**   good **job**   first **grade**

두 개의 형용사가 하나의 명사 앞에 오면, 첫 번째 형용사와 명사에 강세가 옵니다. 이때 명사에 오는 강세가 가장 셉니다.

big blue **bus**   **nice** old **man**
really nice **day**   **cute** little **girl**
short black **hair**   **big** brown **eyes**

Practice Sentences

형용사 + 명사

형용사보다는 명사에 더 강세를 주는 것을 명심하세요. 다음 문장을 잘 듣고 따라해 보세요.

1. John has blue **eyes** and blond **hair**.

   존은 눈이 푸르고 머리카락이 금발이다.

2. He has two **sons** and three **daughters**.

   그는 아들 둘과 딸 셋이 있다.

3. You did a great **job** working on the new **project**.

   너는 새로운 프로젝트를 아주 잘했어.

4. Did you get a good **deal** on that new **car**?

   너는 그 새 차를 좋은 조건에 잘 샀니?

5. They bought an expensive **house** in a nice **neighborhood**.

   그들은 괜찮은 동네에 비싼 집을 한 채 구입했다.

6. I read an interesting **article** about the famous **architect**.

   나는 유명한 건축가에 관한 재미있는 기사를 읽었다.

7. We took a long **walk** after eating a big **meal**.

   우리는 많은 식사를 한 후에 멀리 산책을 갔다.

8. That little **girl** with the curly **hair** is wearing a cute **dress**.

곱슬머리의 저 조그만 소녀는 귀여운 드레스를 입고 있다.

9. Her new **boy**friend gave her red **roses** for her twenty-fifth **birthday.**

그녀의 새 남자 친구가 그녀의 25번째 생일을 맞아 붉은 장미를 주었다.

10. My favorite **films** are "American **Beauty**", "The Green **Mile**", and "The Dark **Knight**".

내가 가장 좋아하는 영화는 「American Beauty」, 「The Green Mile」, 그리고 「The Dark Knight」이다.

Practice Sentences

다음 문장을 들으며 연습해 보세요.

1. He's got **big** blue **eyes** and **short** black **hair**.

   그는 커다란 푸른 눈에 짧은 검은 머리를 하고 있다.

2. The **nice** young **man** helped the **little** old **lady**.

   그 친절한 젊은이는 그 작은 나이든 부인을 도왔다.

3. The **big** blue **bus** passed the **little** white **car**.

   큰 청색 버스는 작은 흰색 차를 지나쳤다.

4. The **rich** young **man** bought that **big** old **house**.

   그 부자 젊은이는 그 크고 오래된 집을 구입했다.

Practice Sentences

형용사 + 복합명사

자 이제 형용사를 복합명사에 추가해봅시다. 강세 규칙은 여전히 똑같이 남아 있습니다. 형용사보다는 명사에 강세를 주며, 복합명사의 첫 단어에 강세를 줍니다. 듣고 따라해 보세요.

1. I got a cheap **plane** ticket.

   나는 싼 비행기 표를 구입했다.

2. Do you like your new **cell** phone?

   너는 너의 새 휴대폰이 마음에 드니?

3. That's my old **high** school.

   저것은 내 옛날 고등학교야.

4. He's a famous **movie** star.

   그는 유명한 영화 스타야.

5. I watched an interesting **You**Tube video.

나는 재미있는 유 튜브 동영상을 봤어.

6. That's a large **computer** screen.

저것은 큰 컴퓨터 화면이야.

7. He's my former **college** professor.

그분은 나의 전 대학 교수님이셔.

8. She has long **finger**nails.

그녀는 손톱이 길다.

9. That's a difficult **math** problem.

저것은 어려운 수학 문제야.

10. He's a rich **business**man.

그는 부유한 사업가야.

11. I'll give you my new **email** address.

네게 내 새 이메일 주소를 가르쳐줄게.

12. Is this the correct **web**site address?

이 웹사이트 주소 맞니?

13. He went to a great **law** school.

그는 훌륭한 로스쿨에 갔다.

14. She wore a white **wedding** dress.

그녀는 흰 웨딩드레스를 입었다.

15. That new **house** has big **bed**rooms and small **bath**rooms.

저 새 집은 큰 침실과 작은 화장실이 있어.

Word Pairs for Practice

다음 짝지어진 단어를 들으며 굵게 표시된 부분에 강세를 주면서 말해 보세요. 먼저 복합명사를 듣고, 다음에 '형용사+명사'를 듣게 됩니다. 강세의 변화에 주의하세요. 두 단어 사이를 띄워서 발음하면 안 됩니다.

복합명사	형용사+명사
1. **swimming** pool	deep **pool**
2. **drug**store	large **store**
3. **news**paper	new **paper**
4. **credit** card	plastic **card**
5. **sun**glasses	nice **glasses**
6. **post**man	tall **man**
7. **bus** driver	fast **driver**
8. **text**book	good **book**

9. **palm** tree	tall **tree**
10. **finger**nails	long **nails**
11. **girl**friend	great **friend**

Practice Sentences

다음 문장을 들으며 연습해 보세요.

1. They had a good **time** playing **foot**ball.

   그들은 축구를 하면서 재미있게 보냈다.

2. I bought some **sun**glasses at the new **store**.

   나는 새 가게에서 선글라스를 좀 샀다.

3. My **hair**dresser has blond **hair**.

   나의 미용사는 금발이다.

4. The **post**man brought me an important **letter**.

   우편배달부는 나에게 중요한 편지를 가져다 주었다.

5. That **sales**man is a very nice **man**.

   그 판매원은 정말 좋은 사람이다.

6. Her large **apartment** is on the third **floor** of that **apartment** building.

   그녀의 큰 아파트는 저 아파트 건물 3층에 있다.

7. I left my **cell** phone in the front **seat** of my friend's **car**.

   나는 내 휴대폰을 친구의 차 앞 좌석에 놓고 내렸다.

8. Let's go see the new **film** at the **movie** theater.

   영화관에서 하는 새 영화를 보러 가자.

Compound Nouns Containing Adjectives

형용사가 포함된 복합명사

복합명사에는 가끔 첫 번째 단어에 본래의 뜻을 잃어버린 형용사가 오기도 합니다. 의미는 없어졌지만 고정되어 버린 구(phrase) 혹은 일반적인 표현같은 것으로 굳어진 것이지요. 예를 들어, **supermarket**이라는 복합명사에서 **super**라는 형용사는 **super**의 원래 의미를 떠올리지는 않습니다. 여기 또 몇 가지 예를 들었습니다.

Words for Practice

1. **White** House
2. **green**house
3. **hot** dog
4. **blue** jeans

5. **high** school
6. **green** card
7. **dark**room
8. **Blue**tooth

Phrasal Verbs

구동사

구동사(**phrasal verb**)는 '동사+전치사' 조합으로 특별한 의미를 나타냅니다. 구동사는 관용적인 (**idiomatic**) 표현으로, 단어의 뜻만 가지고 해석해서는 뜻이 통하지 않습니다. 예를 들면, **turn on, turn off, turn down, turn up**은 모두 구동사입니다. 이런 단어 조합은 영어에서 아주 흔하며, 하나의 단어로 표현되는 동의어보다 더 많이 사용됩니다. 예를 들면, "**extinguish the fire**"라는 표현보다는 "**put out the fire**"라는 말을 여러분은 더 많이 들을 것입니다. 구동사에서는 맨 마지막 단어에 강세가 옵니다. 아래 굵게 표시된 단어에 주의하세요.

구동사

He *picked **up*** the box.
그는 상자를 들어올렸다.

He *put **out*** his cigarette.
그는 담배를 껐다.

He *looked **over*** the material
그는 자료를 훑어보았다.

동의어

He *lifted* the box.

He *extinguished* his cigarette.

He *reviewed* the material.

Practice Dialogues

다음 대화를 들으며 연습해 보세요. 괄호 안은 같은 뜻의 일반동사입니다.

1. A: We don't need the heater.

   우리는 난로가 필요 없어요

   B: Turn it **off**. (stop, extinguish)

   난로 끄세요

2. A: The music sounds good.

   음악 소리가 좋네요.

   B: Turn it **up**. (increase the volume)

   소리 키워요.

3. A: Let's watch TV.

   TV 봅시다.

   B: Turn it **on**. (to light, to start)

   TV 켜요.

4. A: He's impolite.

   그는 무례해요.

   B: That turns me **off**. (disgust)

   밥맛이에요.

5. A: The music is too loud.

   음악 소리가 너무 커요.

   B: Turn it **down**. (decrease the volume)

   음악 소리 줄여요.

6. A: Did he ask her out?

   그가 그녀에게 데이크를 신청했니?

   B: She turned him **down**. (reject a request or a person)

   그녀는 거절했어.

7. A: He told me he'd be at the party.

   그는 내게 파티에 올 거라고 말했어.

   B: He didn't turn **up**. (appear, arrive)

   그는 오지 않았어.

8. A: Did you ask for help?

   도움은 청했어?

   B: They turned me **away**. (reject, refuse)

   그들은 내 부탁을 거절했어.

Noun Forms of Phrasal Verbs

구동사의 명사꼴

구동사는 가끔 명사 상당 어구 혹은 명사구(phrasal noun)처럼 쓰입니다. 그럴 경우, 강세는 첫 번째 단어에 옵니다. 우리가 "**work out**"이라고 할 때는 이것이 동사일 때이며, "**workout**"이라고 발음하면 명사입니다.

Sentence Pairs for Practice

다음 짝지어진 문장을 들으며 연습해 보세요.

A. 구동사
(두 번째 단어에 강세가 온다.)

B. 명사형
(첫 번째 단어에 강세가 온다.)

1. The car was tuned **up**.
   그 차는 정비를 받았다.

   My car needed a **tune**-up.
   내 차는 정비가 필요하다.

2. I worked **out** yesterday.
   나는 어제 일을 해냈다.

   I had a great **work**out.
   나는 엄청난 트레이닝을 했다.

3. The papers were handed **out**.
   그 문서가 배포되었다.

   We got some interesting **hand**outs.
   우리는 몇 가지 흥미로운 자료를 받았다.

4. They covered it **up** well.
   그들은 그것을 잘 은폐했다.

   I heard about the **cover**-up.
   나는 그 무마공작에 대해 들었다.

5. A lot of food was left **over**.
   많은 음식이 남았다.

   We ate **left**overs for lunch.
   우리는 먹다 남은 음식을 점심으로 먹었다.

6. That really turns me **off**!
   그건 정말 따분해!

   That's such a **turn**off!
   거 정말 사람 재미없게 만드는 것이네!

7. They let me **down**.
   그들은 나를 실망시켰다.

   It was a big **let**down.
   그것은 상당한 슬럼프였다.

8. The order was mixed **up**.
   주문은 뒤죽박죽이었다.

   We've sorry about the **mix**-up.
   우리는 그 혼란에 대해 사과합니다.

9. He dropped **out**.
   그는 중퇴했다.

   He's a high school **drop**out.
   그는 고등학교 중퇴자다.

10. I need to sign **up** for the class.
    나는 그 강의를 신청해야 한다.

    Where is the **sign**-up sheet?
    참가 신청서가 어디에 있어요?

More Words for Practice

다음 단어를 들으며 연습해 보세요. 복합명사 안에 들어 있는 명사구의 첫 번째 단어에 강세를 주세요.

1. **back**up plan
   비상시 대안

2. **cut**off date
   마감기한

3. **sign**-up sheet
   참가 신청서

4. **check**out time
   퇴실시간

5. **warm**-up exercises
   준비운동

6. **pick**up truck
   픽업 트럭

7. **carry**-on case
   (기내) 휴대 가방

8. **play**back button
   녹음 재생 버튼

9. **drop**out rate
   중퇴율

10. **work**out room
    체력 단련실

11. **stand**-up comedy
    단독 코미디

12. **drive**-through window
    차량용 계산 창구

13. **sit**-down dinner
    정식 저녁 식사

14. **make**up remover
    메이크업 리무버

15. **move**-in date
    이사 들어가는 날

Practice Sentences

다음 문장을 들으며 연습해 보세요. 강조된 단어에 강세를 주세요.

1. We have a **back**up plan in case things don't work **out**.
   우리는 사태가 잘못되는 때를 대비하여 비상 대안을 가지고 있다.

2. I found **out** that my **pick**up truck needs a **tune**-up.
   내 픽업 트럭이 수리가 필요하다는 것을 알았다.

3. The marriage was called **off** because the couple broke **up**.
   그 커플이 깨졌기 때문에 결혼은 취소되었다.

4. Let's eat **out** after our **work**out.
   우리 운동 끝나고 외식하자.

5. He called me **up** to tell me about the **hold**up at the bank.
   그는 은행에서의 강도 이야기를 하려고 내게 전화했다.

6. We dressed **up** for the **sit**-down dinner.
   우리는 정식 저녁 식사를 위해 정장을 입었다.

7. We found **out** that the **check**-in time was put **off**.
   우리는 체크인 시간이 연기되었음을 알았다.

8. I am trying to cut **down** on eating **out**.
   나는 외식을 줄이려고 노력하는 중이다.

9. I looked it **over** and gave him the **print**out.
   나는 그것을 훑어보고, 그에게 프린트 출력물을 주었다.

10. There was a **mix**-up at the **drive**-through window.
    차량용 계산 창구에 혼란이 있었다.

Abbreviations and Numbers

축약형과 숫자

축약형이나 숫자를 말할 때는 언제나 마지막 글자나 마지막 숫자에 강세가 옵니다.

Abbreviations for Practice

1. MBA
2. UCLA
3. JFK
4. CNN
5. USA
6. IBM
7. FBI
8. PhD
9. AT&T

Numbers for Practice

1. 1997
2. 5:15
3. 11:45
4. $37.99
5. 911
6. (310)555-2389

Practice Sentences

다음 문장을 듣고 따라해 보세요.

1. He arrived at LAX at 8:25 AM.

   그는 LA국제공항에 오전 8시 25분에 도착했다.

2. He has a PhD from UCLA.

   그는 UCLA에서 박사 학위를 받았다.

3. My SUV was made in the USA.

   내 SUV는 미국산이었다.

4. We arrived in the USA in 2007.

   우리는 2007년에 미국에 도착했다.

5. My class starts at 9:15 and ends at 10:45.

   내 수업은 9시 15분에 시작해서 10시 45분에 끝난다.

Names of Places and People

장소와 사람의 이름

사람이든 장소든 이름을 말할 때에는 언제나 마지막 단어에 강세가 옵니다.

Place Names for Practice

1. New **York**
2. Central **Park**
3. South **Africa**
4. Venice **Beach**
5. Las **Vegas**
6. Palm **Springs**
7. North **Dakota**
8. Mount **Everest**

Names of People for Practice

1. George **Washington**
2. Bill **Clinton**
3. Tom **Cruise**
4. John F. **Kennedy**
5. Martin Luther **King**
6. Julia **Roberts**

Practice Paragraph

아래의 글은 여러분이 여태까지 배운 여러가지 단어 강세 규칙의 예들을 모두 포함하고 있습니다. 굵은 글씨로 된 단어에 강세를 주세요. 여러분이 이 장에서 공부한 항목 – 복합명사, 사람과 장소의 이름, 구동사, 축약형 – 은 이탤릭체로 표시되어 있습니다. 다음 글을 들으며 연습해 보세요.

Trip to LA

I am planning to visit the *West **Coast***. I will take *United **Airlines*** flight *307*. It leaves *JFK* at *9:00 am* and arrives at *LAX* at *12:15*. *I found out* that there's a ***three**-hour **time*** difference between *LA* and *New **York***. I hope I *get **over*** my ***jet**lag* pretty quickly. After I *check **in*** at the hotel, I will call a ***taxi**cab* to *pick me **up*** and take me to *Universal **Studios***. Who knows, I might even see some famous ***movie** stars* like *Tom **Cruise*** and *Brad **Pitt***. Oh, I hope I don't *pass **out**!* I also plan to visit *Palm **Springs*** and *San **Diego***. On my way ***back***, I'm planning a ***lay**over* in *Las **Vegas***. I really think it's going to be a nice ***get**away*.

LA 여행

나는 미국 서해안을 가볼 계획이다. 유나이티드 에어라인 307 비행기를 타고 갈 것이다. 그 비행기는 뉴욕 JFK 공항을 오전 9시에 출발하여 LA 공항에 12시 15분에 도착한다. LA와 뉴욕 간에 3시간의 시차가 있다는 것을 알게 되었다. 아주 빨리 항공 시차 증후군을 극복할 수 있었으면 좋겠다. 호텔에 숙박 수속을 하고 나서, 택시를 불러서 유니버설 스튜디오로 데려다 달라고 할 것이다. 누가 아나, 혹시 톰 크루즈나 브래드 피트같은 유명한 영화배우를 볼 수 있을지도 모른다. 아, 기절하지는 말아야 하는데! 팜 스프링이랑 샌디에고에도 가보려고 한다. 돌아오는 길에 라스베가스에서 비행기에서 잠시 내려 볼 계획이다. 정말 멋진 휴가가 될 거라는 생각이 든다.

Word Stress within a Sentence

문장 안에서의 단어 강세

여러분은 이제 문장 안에서의 강세와 약화의 규칙을 배우게 될 것입니다. 먼저 단어에 강세가 오면 어떻게 발음 해야 하는지를 배워 봅시다. 지금은 가장 중요한 의미를 전달하는 단어들에 강세가 온다는 것만 기억해 두세요.

Lengthening the Main Vowel in Stressed Words

강세를 받는 단어의 주모음 길게 발음하기

강세를 받는 단어가 단음절이면, 길게 끌면서 발음하고 모음을 더 높게 올려주세요. 강세를 받는 단어에 음절이 하나보다 많으면, 강세가 오는 음절을 좀 더 길고 강조해 발음합니다.

강세를 받는 모음을 길게 발음한다는 것은 좀 과장하는 것처럼 들릴 수도 있겠습니다. 더군다나 그 모음이 이미 /ɑ/, /æ/, /ou/와 같은 장모음이라면 더욱 그렇겠지요. 예를 들면, "It's really far."라고 하거나 "Stop that!"이라고 말할 때, /ɑ/모음은 여러분이 모국어를 할 때 발음하는 것보다 훨씬 길다고 느낄 수 있습니다. "It's really far."라고 그냥 발음하지 마세요. "It's really far(faaaar)."라고 하세요. "Stop that!"이라고 하지 말고, "Stop(staaap) that!"이라고 발음하세요. 강세를 받는 단어 안에 있는 모음을 길게 발음하는 것에 먼저 익숙해지도록 합시다. 그러면 여러분은 분명한 미국식 영어 발음을 할 수 있게 될 것입니다.

Practice with Vowel Length

다음 문장을 들으며 연습해 보세요. 강세를 받는 단어의 밑줄 친 모음을 분명히 높고 길게 발음하세요.

1. /ɑ/소리가 포함된 강세어
   a. I **got** it.

   나는 알아들었다.

b. I **g<u>o</u>t** a new **j<u>o</u>b**.

나는 새로운 일자리를 얻었다.

c. I think I **g<u>o</u>t** a new **j<u>o</u>b**.

나는 내가 새로운 일자리를 얻었다고 생각해.

2. /æ/ 소리가 포함된 강세어

a. I have a new **cl<u>a</u>ss**.

나는 새로운 수업이 있다.

b. I can't **st<u>a</u>nd** it.

나는 그것을 못 견디겠다.

c. I can't **st<u>a</u>nd** my new **cl<u>a</u>ss**.

나는 내 새로운 수업을 못 견디겠다.

d. I'll call you **b<u>a</u>ck**.

내가 다시 당신에게 전화하겠다.

e. ... as soon as I **c<u>a</u>n**.

내가 가능한 한 빨리 ...

f. I'll call you **b<u>a</u>ck** as soon as I **c<u>a</u>n**.

내가 가능한 한 빨리 다시 전화하겠다.

3. /ou/ 소리가 포함된 강세어

a. It's so **c<u>o</u>ld**.

날씨가 정말 춥다.

b. I didn't **kn<u>ow</u>**.

나는 몰랐다.

c. I didn't **kn<u>ow</u>** about it.

나는 그것에 관해 몰랐다.

d. I didn't **kn<u>ow</u>** it would be so **c<u>o</u>ld**.

나는 날씨가 그렇게 추울 줄은 몰랐다.

4. /i/ 소리가 포함된 강세어

a. How do you **f<u>ee</u>l**?

어떻게 생각하세요?

b. When did he **l<u>ea</u>ve**?

그는 언제 떠났나요?

c. How did you **f<u>ee</u>l** when he had to **l<u>ea</u>ve**?

그가 떠나야만 했을 때 어떻게 생각했나요?

5. /ɔ/소리가 포함된 강세어

    a. That's <u>aw</u>ful.

        그거 정말 지독하군.

    b. It's too <u>lo</u>ng.

        그건 너무 길어요.

    c. That <u>aw</u>ful n<u>o</u>vel is too <u>lo</u>ng.

        그 지독한 소설은 너무 길어요.

    d. I'm ex<u>hau</u>sted.

        나는 지쳤다.

    e. I've been <u>tal</u>king all day <u>lo</u>ng.

        나는 하루 종일 이야기를 했다.

    f. I'm ex<u>hau</u>sted from <u>tal</u>king <u>all</u> day <u>lo</u>ng.

        나는 하루 종일 이야기를 해서 지쳤다.

Advice from a Successful Student

아래의 텍스트를 읽어보면 여러분의 발음 학습에 도움이 될 것입니다. 미국 영어 악센트를 훌륭하게 학습한 여러분과 같은 비영어권 학생의 발음 학습 방법입니다.

"I record myself reading in English. I listen to the recordings and write down the mistakes. This way, I catch the sounds that I don't normally catch when I am speaking with people."

Mai Ling, China

"저는 제가 영어로 읽는 것을 녹음했어요. 저는 녹음된 것들을 들으면서 잘못된 부분을 적어두었어요. 이런 식으로 저는 제가 다른 사람과 말하고 있을 때 보통 알아차리지 못하는 소리를 알아듣게 되었어요."

Mai Ling, 중국

Which Words Should I Stress?

어떤 단어에 강세를 주어야 할까?

여러분은 위에서 단어가 강세를 받을 때와 약화될 때 어떻게 발음해야 하는지에 대해 간단히 배웠습니다. 이제는 어떤 단어가 강세가 오고, 어떤 단어가 약화되는지 그 규칙을 배워 봅시다.

Content Words

내용어

내용어(content word)란 뜻을 가장 많이 전달하는 단어들을 말합니다. 이 단어들은 대개 명사, 동사, 형용사, 부사, 그리고 가끔 when, why, where 등의 의문사에 해당합니다. 우리가 만일 주변 단어를 모두 없애고 그 냥 위의 내용만 말한다 해도, 전달하려 했던 대강의 의미는 어느 정도 전달할 수 있을 것입니다. 예를 들면, 누가 "Went store morning."이라고 얘기하는 것을 여러분이 들었다고 칩시다. 여러분은 그 말을 "I went to the store in the morning.(나는 아침에 가게에 갔다.)"으로 알아들을 것입니다.

또, 내용어는 인터넷에서 주제를 검색할 때 사용하는 키워드와 같다고 할 수 있습니다. 예를 들어, 여러분은 "What are the symptoms of a heart attack?(심장마비 증상이 어때요?)"이라고 다 입력하지 않고, "SYMPTOMS, HEART ATTACK"이라고만 키워드로 써넣고 검색하겠지요. 내용어에 대한 또 하나의 좋은 예는 신문 헤드라인입니다. 신문 제목은 "A suspect has been arrested.(용의자 한 사람이 잡혔다.)" 라고 하지 않고 "Suspect arrested(용의자 잡히다)"라고 하지요. 또 "The neighbors have been complaining.(이웃들이 불만스러워하고 있다.)"이라고 하지 않고, "Neighbors complain(이웃들 불만)" 이라고 씁니다.

일반적으로 문장에서는 마지막으로 나오는 내용어에 가장 강한 강세가 옵니다. 그래서 "A suspect has been arrested."라는 문장에서는 'arrested'가 가장 강조될 것입니다. 그와 비슷하게, "The neighbors have been complaining."라고 말하지 않고, 맨 마지막 내용어에 힘을 줍니다. "The neighbors have been complaining."이라고 말하지요.

이제, 내용어에 강세를 주는 연습을 해봅시다. 그리고 맨 마지막에 오는 내용어에 강세를 가장 세게 주는 연습도 해봅시다.

Practice Sentences

다음 문장을 들으며 연습해 보세요. 문장의 맨 마지막에 오는 내용어에 강세를 주십시오. 추가적인 정보가 덧붙여지면서 강세가 어떻게 변화하는지 살펴보세요. 밑줄 친 단어는 가장 강한 강세를 받습니다.

1. I like **bacon**.

   나는 베이컨을 좋아한다.

   I like **bacon** and **eggs**.

   나는 베이컨 에그를 좋아한다.

2. It's **black**.

   그것은 검은색이다

It's **black** and **white.**

그것은 검은색과 흰색이다.

3. Do you want **salt?**

당신은 소금을 원하나요?

Do you want **salt** and **pepper?**

당신은 소금과 후추를 원하나요?

4. That's **good.**

그거 좋군요.

That's a good **idea.**

그거 좋은 아이디어입니다.

5. It's **hot.**

날씨가 덥다.

It's a hot **day.**

더운 날이다.

6. I **need** it.

나는 그것이 필요하다.

I need to **go.**

나는 가야 한다.

I need to **go home.**

나는 집에 가야 한다.

I need to go **home** at five **o'clock.**

나는 집에 다섯 시에 가야 한다.

7. I **saw** him.

나는 그를 보았다.

I saw the **man.**

나는 그 남자를 보았다.

I saw the **man** you **told** me about.*

나는 네가 이야기했던 그 남자를 보았다.

*주의: **me**와 **about**에는 강세가 오지 않습니다. 이 단어들은 내용어가 아니기 때문입니다.

8. He **drove** it.

그는 그것을 몰았다.

He **drove** the **car.**

그는 그 차를 몰았다.

He **drove** the **car** he **bought** yesterday.

그는 그가 어제 산 차를 몰았다.

He **drove** the **car** that he **bought** from his **friend**.

그는 자기 친구로부터 산 차를 몰았다.

Content Words in Detail: Verbs

내용어: 동사

동사는 go, eat, study와 같이 움직임을 나타내는 말입니다. 우리는 문장의 본동사(main verb)를 동사 앞에 오는 다른 요소들(조동사, 분사나 동명사 형태)보다 더 강조합니다. 그 이유는 can, could, am, been, don't have(완료형일 때)와 같은 단어들은 본동사보다 덜 중요하기 때문입니다.

Practice Sentences

다음 문장을 들으며 연습해 보세요. 동사에 어떤 식으로 가장 강한 강세가 오고, 그 주변의 단어들은 어떻게 약화되는지 살펴 보세요.

1. I'll **call** you.
   내가 너한테 전화할게.

2. I **saw** him.
   나는 그를 보았다.

3. I'll **wait** for you.
   나는 너를 기다리겠다.

4. I **have** to **go**.
   나는 가야 한다.

5. It's nice to **meet** you.
   너를 만나게 되어 반갑다.

Stress Nouns but Not Pronouns

명사에는 강세를 주고, 대명사에는 주지 마라

man, book, John, Mary 등 명사는 강하게 발음합니다. 그러나 he, it, her, myself 등과 같은 대명사에는 강세를 주지 않습니다. 아래 문장들을 들으며, 명사가 대명사로 바뀔 때 강세가 어떻게 변하는지 잘 살펴보세요.

Practice Sentences

다음 문장을 들으며 연습해 보세요.

명사에 강세 | 약화된 대명사

1. He told **John**.
   그는 존에게 말했다.

   He **told** him.
   그는 그에게 말했다.

2. I like that **car**.
   나는 그 차가 좋아.

   I **like** it.
   나는 그게 좋아.

3. I need a **job**.
   나는 일자리가 필요해.

   I **need** it.
   나는 그게 필요해.

Content Words in Detail: Adjectives

내용어: 형용사

형용사 뒤에 명사가 따라오지 않으면 그 형용사에는 충분한 강세를 주세요. 그러나 형용사 뒤에 명사가 오면, 그 명사에 더 강한 강세를 줍니다.

형용사만 있을 때 | 형용사+명사

1. That was **good**.
   그것은 좋았다.

   That was a **good** <u>film</u>.
   그것은 좋은 영화였다.

2. It's really **hot**.
   정말 덥다.

   It's a really **hot** <u>day</u>.
   정말 더운 날이다.

3. It's **long**.
   길다.

   It's a **long** <u>drive</u>.
   긴 드라이브다.

4. John is **nice**.
   존은 착하다.

   John is a **nice** <u>man</u>.
   존은 착한 사람이다.

Practice Sentences

다음 문장을 들으며 내용어 강세를 연습해 보세요.

A.

1. **Wait!**
   기다려!

2. I'll **wait** for you.

   나는 당신을 기다릴 것이다.

3. I can **wait** for you.

   나는 당신을 기다릴 수 있다.

4. I am **waiting** for you.

   나는 당신을 기다리고 있다.

5. I'll be **waiting** for you.

   나는 당신을 기다리고 있을 것이다.

6. I've been **waiting** for you.

   나는 당신을 기다려왔다.

7. I could've **waited** for you.

   나는 당신을 기다릴 수 있었을 텐데.

8. I could've been **waiting** for you.

   나는 당신을 계속 기다리고 있을 수 있었을 텐데.

9. I'll **wait** for you in the **car**.

   나는 당신을 차 안에서 기다리겠다.

10. I should've been **waiting** for you in the **car**.

   나는 차 안에서 당신을 기다리고 있어야 했다.

B.

1. **Tell** her.

   그녀에게 말해.

2. He'll **tell** her.

   그는 그녀에게 말할 것이다.

3. He'll be **telling** her.

   그는 그녀에게 말하고 있을 것이다.

4. He didn't **tell** her.

   그는 그녀에게 말하지 않았다.

5. He should have **told** her.

   그는 그녀에게 말해야 했다.

6. He should've been **telling** her.

   그는 그녀에게 말해 왔어야 했다.

7. He didn't **tell** his **wife**.

   그는 그의 부인에게 말하지 않았다.

8. He should've been **telling** his **wife**.

   그는 그의 부인에게 말해 왔어야 했다.

9. He didn't **tell** his **wife** about the **situation**.

그는 그 상황에 대해 그의 부인에게 말하지 않았다.

10. He should've been **telling** his **wife** about the **situation**.

그는 그의 부인에게 그 상황에 대해서 말해 왔어야 했다.

C.

1. I **bought** it.

나는 그것을 샀다.

2. I **bought** a **watch**.

나는 시계 하나를 샀다.

3. I **bought** a new **watch**.

나는 새 시계 하나를 샀다.

4. I **bought** a new gold **watch**.

나는 새 금시계를 하나 샀다.

5. I **bought** a new gold **watch** for him.

나는 그를 위해서 새 금시계를 하나 샀다.

6. I **bought** a new gold **watch** for his **birthday**.

나는 그의 생일을 위해 새 금시계를 하나 샀다.

7. I **bought** a new gold **watch** for his thirtieth **birthday**.

나는 그의 서른 번째 생일을 위해서 새 금시계를 하나 샀다.

8. I would have **bought** a new gold **watch** for his thirtieth **birthday**.

나는 그의 서른 번째 생일을 위해서 새 금시계를 하나 샀을텐데.

D.

1. He **lost** it.

그는 그것을 잃어버렸다.

2. He **lost** the **money**.

그는 돈을 잃어버렸다.

3. I **think** he **lost** the **money**.

나는 그가 돈을 잃어버렸다고 생각한다.

4. I **think** he **lost** the **money** again.

나는 그가 돈을 다시 잃어버렸다고 생각한다.

5. I **think** he lost the **money** that I **gave** him.

나는 그가 내가 준 돈을 잃어버렸다고 생각한다.

6. He might have **lost** the **money** that I **gave** him.

그는 내가 그에게 준 돈을 잃어버렸을지도 모른다.

7. I **think** he might have **lost** the **money** that I **gave** him.

나는 그가 내가 준 돈을 잃어버렸을지도 모른다고 생각한다.

Reducing Vowels in Function Words

기능어에서의 모음 약화

"기능어(function word)"는 약하게 발음됩니다. 기능어란 일반적으로 내용어와 달리 크게 중요한 의미를 전달하지 않는 단어를 뜻합니다. 이러한 기능어 단어들이 문장에서 사라진다 해도, 문장은 여전히 뜻이 통할 것입니다. 기능어의 목록은 다음과 같습니다.

a. 대명사(pronouns) - he, she, you, they, mine, his, himself, etc.

b. 전치사(prepositions) - to, in, for, at, by, on, with, from, etc.

c. 접속사(conjunctions) - and, but, or, nor, so, yet

d. 조동사(auxiliary verbs) - am, is, was, were, do, does, been, have, can, could, should, etc.

e. 관사(articles) - a, an, the

f. 부정대명사(indefinite pronouns) - one, some, any, anywhere, somewhere, anything, something, etc.

위의 규칙에 예외가 하나 있는데, 부정의 형태로 쓰이는 조동사에는 강세가 옵니다. 아래를 보세요.

긍정	부정
I can **do** it. 나는 그것을 할 수 있어.	I **can't do** it. 나는 그것을 할 수 없어.
He should **try** it. 그는 그것을 해보아야 해.	He **shouldn't try** it. 그는 그것을 해서는 안 돼.
I'd **like** it. 나는 그러고 싶다.	I **wouldn't like** it. 나는 그러고 싶지 않다.

Weak Forms

약화된 형태

단어의 발음이 약화되면 우리는 "약화된 형태(weak form)"라는 말을 씁니다. 약화된 형태란 더 재빠르고 부드럽게 발음하는 것을 의미합니다. 모음이 /ə/와 같은 약한 발음이 되는 것입니다. 예를 들어, 전치사 **for**는 "**fur**" 혹은 /fər/로 발음되고, **at**은 /ət/으로 발음이 됩니다. 이제 흔히 강세를 받지 않아 약화된 형태로 발음되는 것들을 연습해 봅시다.

Practice Sentences

다음 문장을 들으며 강세를 받지 않는 단어를 약화시키는 연습을 보세요.

1. **to가 /tə/로**
   a. I'd like *to* go.
      나는 가고 싶어.

   b. I need *to* talk *to* you.
      나는 너와 이야기할 필요가 있어.

   c. I'd like *to* go *to* the park.
      나는 공원에 가고 싶어.

2. **and가 /n/으로**
   a. bacon '*n*' eggs 베이컨 에그

   b. black '*n*' white 흑과 백

   c. in '*n*' out 안팎

   d. rock '*n*' roll 로큰롤

3. **for가 /fər/로**
   a. Let's go *for* a walk.
      산책 가자.

   b. Wait *for* John.
      존을 기다려.

   c. This is *for* Bill.
      이건 빌의 것이야.

   d. I'm looking *for* my book.
      나는 내 책을 찾고 있다.

4. **can이 /kən/으로**
   a. I *can* do it.
      나는 그것을 할 수 있다.

   b. You *can* call me.
      너는 나한테 전화해도 된다.

c. *Can* you swim?

수영할 수 있어?

d. When *can* you come over?

언제 올 수 있니?

5. **as가 /əz/로**

a. It's *as* big *as* a house.

그건 집채만하다.

b. I'm *as* hungry *as* a wolf.

나는 몹시 배가 고프다.

c. I'll call you *as* soon *as* I can.

가능한 한 빨리 전화할게.

d. Keep it *as* long *as* you need it.

그건 네가 필요하면 가지고 있어.

6. **or가 /ər/로**

a. Is it this one *or* that one?

그것이 이거예요, 저거예요?

b. I'll do it today *or* tomorrow.

나는 그 일을 오늘이나 내일 할 것이다.

c. I saw it five *or* six times.

나는 그것을 대여섯 번 보았다.

d. I'm leaving on Monday *or* Tuesday.

나는 월요일이나 화요일에 떠날 것이다.

Practice Dialogues

강세를 받지 않는 모음을 약하게 발음한다는 것을 명심하며 듣고 따라해 보세요.

1. **약하게 발음하는 have**

A: What'*ve* you been doing?

너 뭐하고 있었니?

B: I'*ve* been studying.

공부하고 있었어.

A: What'*ve* you been studying?

무슨 공부하고 있었니?

B: I've been studying English.

영어 공부를 하고 있었어.

A: How long've you been studying it?

너는 얼마 동안 영어를 공부하고 있었니?

B: I've been studying it tonight for two hours.

오늘밤 두 시간 동안 공부하고 있었어.

2. 약하게 발음하는 has

A: What *has* she been doing?

그녀는 뭐하고 있었니?

B: She's been watching TV.

그녀는 TV를 보고 있었어.

A: What *has* she been watching?

그녀는 무엇을 보고 있었니?

B: She's been watching a film.

그녀는 영화를 보고 있었어.

A: How long *has* she been watching it?

그녀는 얼마 동안 영화를 보고 있었니?

B: She's been watching it for an hour.

그녀는 한 시간 동안 영화를 보고 있었어.

3. 약하게 발음하는 to

A: I have *to* go to the store.

나는 가게에 가야 해.

B: What do you need *to* get?

너는 무엇을 사야 하니?

A: I need *to* get some milk.

우유를 좀 사야 해.

B: I'd like *to* come with you.

나도 너와 함께 가고 싶어.

A: OK, but we need *to* hurry. The store's about to close.

좋아, 하지만 우리는 서둘러야 해. 가게 닫을 시간이 임박해.

4. 약하게 발음하는 can

A: When *can* you do it?

너는 언제 그것을 할 수 있니?

B: I *can* do it next week.

나는 다음 주에 그것을 할 수 있어.

A: *Can* you do it sooner?

너는 더 빨리 그것을 할 수 있니?

B: I *can* try.

그렇게 해볼 수 있어.

5. **약하게 발음하는** some

A: I'm hungry.

나는 배고파.

B: Would you like *some* chicken?

치킨 좀 먹을래?

A: I'd love *some*.

좀 먹고 싶어.

B: How about *some* rice?

밥 좀 먹는 게 어때?

A: *Some* rice would be good.

밥 좀 먹는 건 좋아.

B: And *some* ice cream and *some* cake for dessert?

그리고 디저트로 아이스크림과 케이크는?

A: No, thanks. I need to lose *some* weight.

아니, 괜찮아. 나는 살을 좀 빼야 해.

6. **약하게 발음하는** our

A: Do you like *our* new apartment?

우리 새 아파트 마음에 들어요?

B: *Our* old apartment was bigger.

우리 옛날 아파트는 더 컸는데요

A: But *our* new one is cheaper.

하지만 우리 새 아파트는 싸잖아요

B: That's true. We need to save *our* money to pay off *our* debts.

맞아요. 우리는 빚을 갚기 위해 돈을 절약해야 해요.

7. **약하게 발음하는** for

A: I've been waiting *for* you *for* over an hour.

나는 한 시간 이상이나 너를 기다렸어.

B: I'm sorry *for* making you wait.

기다리게 해서 미안해.

A: You have excuses *for* everything.

너는 매사에 사과하는구나.

B: I was shopping *for* a present *for* your birthday.

나는 네 생일 선물을 위해 쇼핑하고 있었어.

A: Is that *for* me? I forgive you *for* everything.

나 주려고? 모든 것을 용서해줄게.

8. **약하게 발음하는** myself, yourself

A: I'm really ashamed of *myself.*

나는 내 자신이 정말 부끄러워.

B: You need to forgive *yourself* and tell *yourself* that everyone makes mistakes. You're driving *yourself* crazy. Why do you doubt *yourself* so much?

너는 네 자신을 용서하고, 모든 사람들이 실수를 한다는 것을 네 스스로에게 이야기할 필요가 있어. 너는 너 자신을 화나게 만들고 있어. 왜 너는 네 자신을 그렇게도 의심하는 거야?

A: I guess I can't help *myself.*

나도 어쩔 수 없다고 생각해.

Reducing Pronouns

약하게 발음하는 대명사

단어 강세에 관한 장에서 여러분은 대명사에는 강세가 없다는 것을 배웠습니다. 대명사를 약하게 발음할 때 첫 글자는 종종 묵음이 됩니다. 예를 들면, h자는 단어 **he, him, his, her, hers**에서 종종 묵음이 되는데, 이 대명사들이 문장의 첫 단어가 아닐 경우입니다. 또한 단어 **them**에서 **th**소리는 종종 묵음이 됩니다. 이것은 특히 격식을 갖추지 않는 일상 말투에 적용됩니다. 하지만 또한 의례를 갖춘 말에서도 자주 이 현상이 일어납니다. 아래 예들을 공부해보세요.

이렇게 소리 납니다.

1. I love her	"I lover"
2. I knew her	"I newer"
3. stuff he knows	"stuffy nose"
4. did he	"didee"
5. has he	"hazee"

*주의: 대명사가 문장이나 구의 시작일 경우에는 대명사의 첫 자음을 항상 발음하세요.

Practice Dialogues

he나 him의 h가 문장의 시작하는 단어일 경우 외에는 묵음이라는 것을 기억하세요.

The New Boyfriend 새 남자 친구

Is he nice?
그는 좋으니?

What's his name?
그의 이름은 뭐니?

What does he look like?
그는 어떻게 생겼니?

How old is he?
그는 몇 살이니?

Where does he live?
그는 어디에 사니?

What does he do?
그는 무엇을 하니?

How long have you known him?
너는 그를 얼마 동안 알아왔니?

Do you love him?
너는 그를 사랑하니?

Where's his family from?
그의 가족은 어디 출신이니?

When can we meet him?
우리는 언제 그를 만날 수 있니?

Did you tell him we'd like to meet him?
너는 우리가 그를 만나고 싶다고 얘기했니?

What did he say?
그는 뭐하고 말했니?

Answer: He said that he thinks my friends ask too many questions!
대답: 그는 내 친구들이 너무 많은 질문을 한다고 생각한다고 말했어.

Who's Laura Jones? 로라 존스는 누구니?

자 이제 여러분들은 대명사 her의 묵음 h를 연습할 겁니다.

A: Do you know Laura Jones?
　　너는 로라 존스를 아니?

B: Yeah, I know her.
　　응. 나는 그녀를 알고 있어.

A: How do you know ɦer?

너는 어떻게 그녀를 알고 있니?

B: I know ɦer from school.

나는 학교에서 알았어.

A: Have you seen ɦer lately?

너는 최근에 그녀를 만난 적 있니?

B: I just saw ɦer a few days ago. I see ɦer about twice a week. She has ɦer dance class next door to mine.

나는 며칠 전에 봤어. 나는 일주일에 두 번씩 그녀를 봐. 그녀는 우리 집 옆에서 댄스 교습을 받아.

A: Next time you see ɦer, tell ɦer I want to talk to ɦer.

다음에 그녀를 보면, 내가 그녀에게 할 얘기가 있다고 전해 줘.

All About Eggs 계란에 관한 모든 것

대명사 **them**의 **th**는 아래 문장에서 묵음이 됩니다.

A: I love eggs.

나는 계란을 좋아해.

B: How do you cook them?

너는 계란을 어떻게 요리하니?

A: All sorts of ways. I boil them, I fry them, I scramble them, and I poach them.

모든 방법을 다 동원해. 나는 계란을 삶고, 프라이하고, 스크램블을 만들고 수란을 만들지.

B: Do you just eat them for breakfast?

너는 단지 아침으로 계란을 먹니?

A: No, I have them for dinner too. I cut them up and put them in salads.

아니, 나는 저녁으로도 먹어. 나는 계란을 잘게 잘라서 샐러드에 넣어.

Strong Forms

강조된 형태

기능어가 문장 끝에 오거나 강조하는 데 사용이 되는 경우에, 그 단어는 "강조된 형태(**strong form**)"로 발음됩니다. 즉 강세를 주어 제대로 발음해야 합니다. 아래의 문장들을 통해 약화된 형태와 강조된 형태를 비교해 봅시다.

	weak forms 약화된 모음	strong forms 완전하게 소리 나는 모음
for	/fər/ I'm looking *for* you. 난 너를 찾고 있다.	Who are you looking **for?** 너 누구를 찾고 있어?
to	/tə/ Would you like *to* go? 너 가고 싶니?	I'd love **to.** 나 그러고 싶어.
at	/ət/ He's *at* the bank. 그는 은행에 있다.	Are you laughing **with** me or **at** me? 너는 나와 함께 웃고 있는 것이니, 아니면 나를 비웃고 있는 것이니?

⚠ Warning: Common Mistake

어떤 단어에 강세를 주고 어떤 단어를 약화시켜야 할지 정확한 규칙을 모르면, 말을 빨리 하지 마세요! 네이티브 스피커가 아닌 사람들 중에는 영어를 빠른 속도로 말하는 습관이 생긴 사람들이 있습니다. 그렇게 말하는 것이 네이티브 스피커가 말하는 것에 더 가깝게 들릴 것이라고 생각하는 것입니다. 그러나 그렇게 하면 실제로는 듣는 사람이 이해하기가 더욱 어려워집니다. 미국 사람들은 내용어에는 강세를 주고 기능어는 약화시키는 규칙에 따라 발음한다는 것을 기억하세요. 그래서 미국인들은 빨리 말하는 동시에 느리게 말한다고 말할 수 있습니다.

Thought Groups and Focus Words

생각 단위와 중심 단어

문장이 길어지면, 문장은 '생각의 단위(thought group)'로 나뉘게 됩니다. 이 생각의 단위는 자연스럽게 문법적인 단위로 함께 묶이는 단어들이지요. 이 생각 단위들 사이에서는 본능적으로 말을 잠시 끊어서 하게 됩니다. 물론 쉼표나 마침표가 있을 때만큼 길게 쉬지는 않습니다.

여기에 두 개의 다른 생각 단위로 나뉘는 문장 "I like bacon and eggs early in the morning.(나는 이른 아침에는 베이컨 에그가 좋아.)"을 예로 들어 봅시다. 이 문장은 "I like bacon and eggs /// early in the morning."과 같이 끊어서 말하는 것이, "I like bacon and eggs early in the morning." 처럼 쉬지 않고 이어서 말하는 것보다 자연스럽게 들립니다.

또 각 생각 단위 안에는 강세를 가장 세게 받는 단어가 언제나 들어 있습니다. 가장 강한 강세를 받는 단어를 "중심 단어(**focus word**)"라고 합니다. 이 중심이 되는 단어는 생각 단위 안에서 가장 중요한 정보를 담고 있는 말입니다. 대개는 생각 단위 안에서 맨 마지막에 나오는 내용어가 그에 해당됩니다. 예를 들면, 위의 예문에서 **eggs**와 **morning**이 중심 단어입니다.

긴 문장 안에서 얼마나 자주 끊어서 말하는가는 말하는 사람마다 다를 수 있습니다. 빨리 말하는 사람은 덜 끊어서 말하는 경향이 있고, 그런 사람들이 말하는 문장에는 생각 단위들이 더 길게 묶여 있게 됩니다.

Practice Sentences

다음 문장을 들으며 연습해 보세요. 중심 단어에 강세를 주고, 생각 단위 사이는 끊어서 발음하세요.

1. I want to **talk** to you // about something **important**.
   뭔가 중요한 일에 대해 너랑 할 말 있어.

2. If you give me your **email** address,* // I will send you the **information**.
   나한테 네 이메일 주소를 주면, 내가 너한테 그 정보를 보내줄게.

3. Every time I stop by his **office**, // he's too busy to **talk** to me.
   내가 그의 사무실에 들를 때마다, 그는 너무 바빠서 나한테 말도 못붙인다.

4. I wonder how **long** // it will **take** me // to learn to speak **English** like you.
   내가 너처럼 영어를 말하려면 얼마나 오래 배워야 할지 궁금해.

5. What did you think of the new **restaurant** // that we **went** to last night?
   우리가 어젯밤에 갔던 그 새로운 식당 어땠어?

6. He has been looking for a new **job** // for a long **time** now // but he just hasn't **found** anything // that he really **likes**.
   지금까지 오랫동안 그는 새로운 직업을 찾아 헤맸어. 그런데도 그는 자신이 진짜 좋아하는 일은 찾지 못했어.

   *Email address는 복합명사이므로 앞 단어에 강세가 옵니다.

Practice Conversations: Telephone Messages

올바른 단어 강세를 사용하여 다음 음성 메시지를 연습해 보세요. 각 생각 단위의 중심 단어는 굵은 글씨로 되어 있고, 생각 단위 사이는 빗금으로 나뉘어 있습니다.

A. Phone Tag

Mary's Answering Machine: Hi, this is **Mary**. I am **sorry** // I missed your **call**. Please leave a **message** // after the **beep**, and I'll call you **back** // as soon as I **can**.

Mike: Hi, **Mary**, this is **Mike**. It's been a **while** // since we last **spoke**. I hope you're **doing** well. I'm calling to **see** // if you're **free** tomorrow. I am going

hiking // with some **friends** // and I wanted to **see** // if you'd like to **join** us. It would be great to **see** you. Give me a **call** // and let me **know** // if you're **available**.

Mary: Hi, **Mike**, this is **Mary**, returning your **call**. It was great to **hear** from you. Sorry that we keep **missing** each other. Yeah, I'd love to go **hiking** with you. Let me **know** // what time you're thinking of **going**. I'm looking **forward** to it. I should be home **tonight** //after **seven**, so **call** me // and let me **know** // where we should **meet**.

A. 전화 연락을 취할 수 없는 상황

매리의 자동 응답기: 안녕하세요. 매리입니다. 미안합니다. 당신 전화를 받을 수가 없어요. 삐 소리가 나면 메시지를 남겨주세요. 그럼 가능한 한 빨리 전화 드리겠습니다.

마이크: 안녕, 매리. 나 마이크야. 우리가 마지막으로 얘기를 나눈 지가 한참 됐네. 네가 잘 지내고 있기를 바란다. 나는 네가 내일 시간 있는지 알고 싶어서 전화해보는 거야. 난 친구들하고 산에 갈 거야. 그리고 네가 우리와 같이 가고 싶은지 알고 싶어. 너를 만나면 정말 좋을 거야. 네가 올 수 있는지 나한테 전화해서 알려줘.

매리: 안녕, 마이크. 나 매리야. 네 전화에 대한 답이야. 너한테서 연락이 와서 참 좋았어. 우리가 둘 다 서로 계속 전화를 못 받고 있으니 유감이네. 그래. 나도 너희들이랑 하이킹 가고 싶어. 너희들 언제 갈지 나한테 알려줘. 소식 기다리고 있을 거야. 내가 오늘밤 집에 있을 시각은 7시 이후야. 그러니까 우리가 어디에서 만나야 하는지 전화해서 알려줘.

B. Sales Call
각 개인의 말하는 스타일이나 환경이 문장 안에 있는 생각 단위의 개수를 결정할 수 있습니다. 예를 들어, 다음 이야기는 생각 단위가 적습니다. 그 이유는 말하는 사람이 자기 메시지를 빠르게 전달해야 하는 세일즈맨이기 때문입니다.

Good **afternoon**, Mr. **Johnson**. This is Bill **Jones** calling. I would like to **tell** you about the new **product** // our **company** is selling. I **believe** // it will greatly benefit your **organization**. We recently conducted a **study** // on how your customer's **needs** are changing. We are able to help you run your business more **efficiently** // and at the same **time**, save you **money**. I think that people in your **firm** // would be very interested in our **services**. I'd like to set up a time to **talk** with you // about how our company can **help** you. I can **assure** you // that it will be worth your **while**. When would be a good **time** // for us to **meet**?

B. 판매 전화

안녕하세요. 존슨 씨. 빌 존스가 전화드립니다. 저희 회사에서 팔고 있는 새로운 상품에 대해 말씀드리고자 합니다. 제가 생각하기로는 그 상품이 고객님 회사에 큰 도움이 될 것 같습니다. 우리는 최근에 귀사의 고객의 요구가 어떤 식으로 변화하고 있는지에 대해 연구를 해보았습니다. 우리는 귀사의 비즈니스가 좀 더 효율적으로 운영될 수 있도록 도움을 드릴 수 있습니다. 그와 동시에 고객님의 돈을 절약할 수 있도록 도움을 드리지요. 제가 생각하기로는 귀사의 사람들은 우리 서비스에 대단히 관심있어 할 것입니다. 고객님과 함께 이야기를 나눌 시간이 마련되면 좋겠습니다. 저희 회사가 고객님을 어떻게 도울 수 있는지에 대해서 말입니다. 분명히 고객님께 가치가 있을 것이라고 확신합니다. 언제 우리가 만날 수 있을까요?

Contrastive Stress

대조 강세

*Be nice to **people** // on your way **up** // because you might **meet** them // on the way **down**.*

당신이 오르막일 때 사람들에게 잘 대해 주시오. 왜냐하면 당신이 내리막일 때 그들을 만날 수 있기 때문이오.

Wilson Mizner

문장 안에서 특정 단어에 특별한 의미를 줄 때라든지, 혹은 혼동되는 사항이 있을 때 명확히 그 의미를 표현하기 위해서 단어에 강세를 주기도 합니다. 이런 경우에는 문장에서 어떤 단어라도 강세를 받을 수 있습니다. 심지어 기능어라도 강세가 올 수 있습니다.

Practice Sentences

다음 각 문장은 말하는 사람이 전달하고자 하는 의미에 따라 네 가지 방식으로 다르게 강세를 줄 수 있습니다.

1.

I don't love him.

나는 그를 사랑하지 않아.

I **don't** love him.

난 그를 사랑 안 해.

I don't **love** him.

나는 그를 사랑하지는 않아.

I don't love **him**.

나는 그를 사랑하지 않아.

함축된 의미

... but she does.

…그런데 그녀는 그를 사랑해.

I really don't.

정말로 아니야.

But I think he's a nice person.

그렇지만 난 그가 정말 좋은 사람이라고 생각해.

But I love the other guy.

그러나 다른 남자를 사랑해.

2.

I may drive to New York.

내가 뉴욕으로 운전해서 갈 것이다.

I **may** drive to New York.

아마도 난 뉴욕에 운전해서 갈 것이다.

I may **drive** to New York.

나는 운전해서 뉴욕에 갈 것이다.

I may drive to **New York**.

나는 뉴욕에 운전해서 갈 것이다.

함축된 의미

Not she.

그녀가 아니라.

Maybe, I'm not sure.

아마 그럴 거다. 확신할 수는 없지만.

Not fly.

비행기로 가는 게 아니라.

Not Boston.

보스톤이 아니라 뉴욕으로.

Contrastive Stress for Clarification

뜻을 명확하게 하기 위한 대조 강세

*What lies **behind** us and what lies **before** us are tiny matters compared to what lies **within** us.*

우리 뒤에, 그리고 우리 앞에 놓여 있는 것은 작은 문제들이다, 우리들 내부에 놓여있는 문제에 비하면.

Oliver Wendell Holmes

다음 문장에서 강세가 오는 단어들이 어떤 식으로 특정한 의미, 혹은 명확하게 해야 할 필요성을 강조하는지 살펴보세요.

1. Do you need a ticket **to** Paris or **from** Paris?

   파리로 가는 표가 필요한 거에요, 아니면 파리에서 오는 표가 필요한 거에요?

2. Did you say **in**side or **out**side?

   너 안쪽에서 말한 거야, 아님, 바깥쪽에서 말한 거야?

3. I want **two** pieces, not **one**.

   난 두 조각 원해요, 한 조각이 아니라고요.

4. It's **under** the desk, not **on** the desk.

   책상 밑이라고요, 책상 위가 아니고.

5. The government is **of** the people, **by** the people, and **for** the people.

   정부는 국민의, 국민에 의한, 국민을 위한 정부이다.

Emphasizing Auxiliaries

조동사 강조

어떤 점을 명백하게 하거나 강조하고 싶을 때, 조동사에 추가로 강세를 주는 경우가 있습니다. 아래 문장의 밑줄 친 단어에는 추가적인 강세가 옵니다.

1. A: You don't **understand** me.

   넌 날 이해 못해.

   B: I <u>**do**</u> **understand** you.

   난 너를 정말로 이해해.

2. A: You didn't **go**, did you?

   너 안 갔구나, 그렇지?

   B: I <u>**did**</u> **go**.

   나 진짜 갔어.

3. A: It's **hot** isn't it?

       덥다. 그렇지?

    B: It **is** hot.

       덥네.

4. A: You've never **been** here, have you?

       너 여기 와본 적 없지. 그렇지?

    B: I **have been** here.

       여기 와봤어.

Practice Dialogue

다음 대화를 들으며 강세와 끊어 말하기를 연습해 보세요.

Making an Appointment 약속 잡기

A: Hello, **dentist's** office.

   안녕하세요. 치과 사무실입니다.

B: I'm **calling** // to make an **appointment** // for a **dental** checkup.

   치아 검진을 위해 예약을 하려고 전화드립니다.

A: I have an **opening** // on **Tuesday** // at 5 **pm**.

   화요일 오후 다섯 시가 비어있네요.

B: I'll have to **work** late // on that **day**. Do you **have** anything // on Friday **morning**?

   그 날은 제가 늦게까지 일해야 해요. 금요일 아침은 어떤가요?

A: I don't **have** anything // on Friday **morning**, but I **do** have // Friday **afternoon**.

   금요일 아침에는 빈 시간이 없어요. 금요일 오후에는 있고요.

B: Hmm, let me **check**. I **think** I can make it. Yes, I **can**. I **can make** it.

   음. 봅시다. 시간이 될 수 있을 것 같아요. 그래요. 시간이 될 수 있어요.

A: Would you like **three** o'clock or **four** o'clock?

   세 시나 네 시 괜찮아요?

B: **Four** o'clock sounds **good**.

   네 시가 좋겠네요.

A: Will this be your first **visit** // to our **office**?

   저희 치과에 처음 오시는 건가요?

B: No, it'll be my **second** visit.

   아뇨. 이번이 두 번째예요.

Chapter

07

INTONATION

억양

INTONATION

억양

"억양(intonation)"은 언어의 멜로디(음조)이며 오르내리는 소리의 높낮이로 이루어져 있습니다. 이 올라가고 내려가는 음조는 말하는 사람의 의도와 감정을 전달하는 데 이용됩니다. 구어체에서 억양은 구두법을 대신합니다. 우리 얘기가 끝난 것인지 할 얘기가 더 있는 것인지, 질문을 하고 있는 것인지, 그냥 이야기를 하고 있는 것인지가 억양을 통해 듣는 사람에게 전달됩니다. 억양은 또 단어만 가지고는 전달할 수 없는 정보도 전달합니다. 분노, 놀람, 혼란스러움, 주저, 비꼼, 관심, 관심 없음 등을 나타낼 수 있지요. 여러분이 좋은 억양으로 말한다면 듣기에 훨씬 생동감 있고 재미있을 겁니다.

Falling Intonation

하강 억양

문장의 끝에서 목소리가 낮아지는 것을 "하강 억양(falling intonation)"이라고 합니다. 이러한 억양은 여러 가지 이유로 사용됩니다.

Statements

평서문: 하강 억양은 의문문이 아닌 단순한 문장에서 쓰입니다. 예를 들면 아래와 같습니다.

1. My name is John.
   내 이름은 존이야.

2. It's nice to meet you.
   당신을 만나서 반갑습니다.

3. Have a nice day.
   좋은 하루 보내세요.

4. I'm going outside.
   나는 밖으로 나가고 있다.

5. I'll be back in a minute.
   난 금방 돌아올 것이다.

Questions

하강 억양은 의문문에서도 사용되는데, where, what, why, when, how, who 등의 의문사가 들어 있을 때 그렇습니다.

1. What's his name?

   그의 이름이 어떻게 되지요?

2. Why did you leave?

   당신은 왜 떠났지요?

3. Where are you going?

   당신은 어디 가고 있어요?

4. What are you thinking about?

   무슨 생각을 하세요?

5. How are you doing?

   안녕하세요?

6. When does it start?

   그것은 언제 시작하지요?

7. Who told you?

   누가 당신에게 말했지요?

Rising Intonation

상승 억양

"상승 억양(rising intonation)"을 내기 위해서는 문장 끝에서 여러분의 목소리의 음조를 높이세요. 상승 억양은 "Yes/No의문문"에서 사용됩니다. 예를 들어, "Did you see it?"이라고 물으면, "Yes/No"라는 대답이 나오게 되는 의문문을 말합니다. "Yes"라고 할 수도 있고, "No"라고 할 수도 있지요. "When did you see it?"이라는 의문문과 비교해 보세요. 이 의문문에는 단순하게 "Yes"나 "No"로 대답할 수 없습니다.

Practice Sentences

다음 문장을 들으며 연습해 보세요.

1. Did he work yesterday?
   그가 어제 일을 했나요?

2. Does he know about it?
   그가 그것에 대해서 알고 있나요?

3. Can you call me at five?
   다섯 시에 저한테 전화할 수 있어요?

4. Is it good?
   그것이 좋은가요?

5. Is that it?
   저것이 그것이에요?

6. Excuse me?
   뭐라고 하셨지요?

7. Really?
   정말이요?

 Advice from a Successful Student

아래의 텍스트를 읽어보면 여러분의 발음 학습에 도움이 될 것입니다. 미국 영어 악센트를 훌륭하게 학습한 여러분과 같은 비영어권 학생의 발음 학습 방법입니다.

"I don't get upset with myself if my accent isn't perfect. I know I am making progress as long as I practice all the time. Don't be too hard on yourself if you are still making mistakes. Developing an American accent is a process. It doesn't happen overnight."

Sabrina Stoll, Germany

"제 악센트가 완벽하지 않더라도 저는 당황하지 않아요. 저는 늘 연습하고 있는 한 나아지고 있다는 것을 알고 있어요. 여러분이 아직도 실수를 하고 있다고, 스스로에게 너무 심하게 대하지 마세요. 미국 악센트를 개선해 나가는 것은 하나의 과정이지요. 하룻밤 새 되는 일은 아닙니다."

Sabrina Stoll, 독일

Sentence Pairs for Practice

다음 짝지어진 문장을 들으며 연습해 보세요.

다음 짝지어진 의문문은 "의문사"가 있느냐 없느냐에 따라, 혹은 "Yes/No의문문"이냐 아니냐에 따라 상승 억양과 하강 억양을 모두 가지고 있습니다. 둘 중 앞에 나온 의문문은 상승 억양이고, 두 번째는 하강 억양입니다.

yes/no 의문문	의문사로 시작하는 의문문
1. Do you teach? 당신은 가르치나요?	What do you teach? 당신은 무엇을 가르치나요?
2. Did you see the movie? 그 영화 보셨어요?	When did you see the movie? 언제 그 영화를 보셨어요?
3. Do you know that guy? 저 사람을 알아요?	How do you know that guy? 저 사람을 어떻게 아세요?
4. Did you buy the car? 그 차를 샀어요?	Where did you buy the car? 어디서 그 차를 샀어요?
5. Do you work there? 거기서 일해요?	Why do you work there? 왜 거기에서 일을 합니까?

Non-final Intonation

비종결 억양

"비종결 억양(non-final intonation)"을 쓰면 문장이나 단어 중간에 소리가 높아졌다가 살짝 낮아집니다. 이러한 타입의 억양은 다음과 같은 다양한 경우에 사용됩니다.

Unfinished Thoughts

마무리가 안 된 생각

비종결 억양은 여러분이 아직 어떤 생각을 마치지 않았다는 것을 나타내기 위해 종종 쓰입니다. 뭔가 할 말이 더 있다는 것을 나타내기 위해서 구(phrase)의 끝에서 소리를 높여줍니다. 예를 들면, "**When I saw him...**(내가 그를 보았을 때…)"혹은 "**If I study hard...**(내가 공부를 열심히 한다면…)"와 같은 표현입니다.

Sentence Pairs for Practice

다음 짝지어진 문장을 들으며 연습해 보세요.

아래 짝지은 각 문장 중에서 앞에 나온 문장은 생각이 끝났음을 나타내는 하강 억양으로 말합니다. 두 번째 문장은 생각이 아직 마무리가 안 되었다는 것을 나타내는 상승 억양을 포함하고 있습니다.

1. I bought the book.

    나는 그 책을 샀다.

    I bought the book, but I didn't read it.

    나는 그 책을 샀지만, 아직 읽지는 않았다.

2. I finished school.

    나는 학교를 마쳤다.

    When I finished school, I moved to New York.

    나는 학교를 마치자, 뉴욕으로 이사를 했다.

3. I'll study hard.

    나는 열심히 공부할 것이다.

    If I study hard, I'll get an A.

    내가 열심히 공부한다면, A를 받을 것이다.

4. I'm going inside.

    나는 안으로 들어간다.

    I'm going inside, to get something to drink.

    나는 안으로 들어가서, 뭐 마실 것 좀 갖고 오겠다.

Introductory Words

말문을 여는 표현

"**Actually**" 혹은 "**By the way**"처럼 처음 말문을 여는 표현들도 비종결 억양으로 말합니다. 이런 유형의 말들 역시 어떤 생각이 마무리되지 않았다는 것을 나타내므로 비종결 억양을 쓰는 것이 적절합니다.

Practice Sentences

다음 문장을 들으며 연습해 보세요.

1. As a matter of fact, I do know the answer.

    사실, 나는 정답을 알아.

2. As far as I'm concerned, you did great.

    내가 아는 바로는 당신은 아주 잘 했습니다.

3. Actually, it was pretty good.

    실제로는, 그것이 아주 좋았다.

4. In my opinion, it's too expensive.

    내 의견으로는, 그것은 너무 비싸다.

5. If you don't mind, I'd like to close the window.

괜찮으시다면, 창문을 좀 닫고 싶습니다.

6. By the way, how did you know that?

그런데, 당신은 어떻게 그것을 알게 됐습니까?

Series of Words

단어의 나열

단어나 구를 나열할 때 비종결 억양으로 말합니다. 각 항목마다 끝을 올려주지만 맨 마지막 항목에서는 낮춰줍니다.

Practice Sentences

다음 문장을 들으며 연습해 보세요.

1. I like football, basketball, tennis, and golf.

나는 축구, 농구, 테니스, 그리고 골프를 좋아해.

2. I'm taking math, biology, French, and history.

나는 수학, 생물학, 불어, 그리고 역사를 듣고 있어.

3. I left work, came home, and had dinner.

나는 퇴근해서, 집에 와서, 저녁을 먹었다.

4. I need milk, apples, eggs, and sugar.

나는 우유, 사과, 달걀, 그리고 설탕이 필요해요.

5. "I learned law so well, the day I graduated I sued the college, won the case, and got my tuition back." - Fred Allen

"나는 법을 아주 잘 배웠고, 내가 졸업하던 날에 그 대학에 소송을 걸었고, 그 재판에서 이겨서, 내 학비를 돌려받았다." -Fred Allen

Expressing Choices

선택을 묻는 표현

두 개 혹은 그 이상의 것들 사이에서 선택을 하라고 물을 때에도 비종결 억양을 사용합니다.

1. Do you want to eat in or eat out?

   안에서 드시겠어요, 밖에서 드시겠어요?

2. Is your birthday in March or in April?

   당신 생일은 3월인가요, 4월인가요?

3. Do you speak Cantonese or Mandarin?

   당신은 광둥어를 하시나요, 아니면 중국 표준어를 하시나요?

4. Is his name Matthew or Michael?

   그의 이름이 매튜인가요, 아니면 마이클인가요?

5. Do you want the blue one or the black one?

   파란 색으로 하시겠어요, 검은색으로 하시겠어요?

Wavering Intonation

상황에 따라 달라지는 억양

"상황에 따라 달라지는 억양(wavering intonation)"은 특정한 감정이나 태도를 표현하는 데 사용됩니다. 이러한 억양의 유형은 단어 안에서 소리 높이가 변합니다. 여러분은 이러한 억양을 통해 분노, 놀라움, 비꼼, 주저함, 불확실함, 역겨움, 두려움, 경이로움, 동정심 등의 감정을 표현할 수 있습니다.

You did라는 표현으로 시작해 봅시다. 감정이나 의도에 따라 다섯 가지로 다르게 말할 수 있습니다.

		의미
1.	You did?	호기심
2.	You did?	아주 놀람
3.	You did?	실망
4.	You did?	분노
5.	You did.	동조

이제는 "**Thanks a lot.**"이라는 표현을 세 가지로 다르게 말해 보세요. 각각 억양을 달리해 말해 보세요.

1.	Thanks a lot.	보통 감사의 표시
2.	Thanks a lot.	아주 행복한
3.	Thanks a lot.	비꼬는

"**Okay**"를 각각 다른 감정을 가지고 말해 보세요.

Okay.	보통의
Okay.	주저하는 혹은 내키지 않는
Okay!	아주 흥분한
Okay!	당혹스럽고 분노한

"**No**"를 각각 다른 감정을 가지고 말해 보세요.

No!	분노한
No?	놀란
No...	주저하는
No.	비꼬는

Practice Dialogues

다음 대화를 들으며 연습해 보세요.

Angry Friends 화난 친구들

A:	Did you do it? 네가 그 일을 했니?	호기심 어린
B:	No. 아니.	보통
A:	No? 아니야?	아주 놀란
B:	No! 아니라니깨!	화난
A:	Why not? 왜 안 했어?	놀란
B:	I don't know. 나도 몰라.	주저하는
A:	You don't know? 너도 모른다고?	화난
B:	I don't know. 나도 모르겠어.	화난
A:	Oh really? 어, 정말?	비꼬는
B:	Yeah, really. 그래, 정말이다.	화난

Losing Weight 살 빼기

이 대화는 여러분이 여태 배운 억양의 모든 유형이 다 나와 있는 예입니다. 잘 듣고 따라해 보세요.

Emily:	Rachel, is that you?
에밀리:	레이첼, 이게 누구야?

Rachel: Hi Emily.

레이첼: 에밀리, 안녕

Emily: I didn't recognize you at first. Did you lose weight?

에밀리: 처음에 너 몰라봤어. 살 빠진 거야?

Rachel: As a matter of fact, I lost twenty pounds.

레이첼: 사실, 20 파운드나 뺐어.

Emily: Really? How did you do it?

에밀리: 진짜? 어떻게 했는데?

Rachel: Well, I stopped eating cake, ice cream, potato chips, and candy bars, and I started eating healthier foods like salads, fruit, nuts, and vegetables.

레이첼: 응, 케이크, 아이스크림, 감자 칩, 초코바 이런 거 안 먹고, 샐러드, 과일, 야채같이 건강한 음식을 먹기 시작했어.

Emily: Wow! I have to say, you look amazing.

에밀리: 와! 너 정말 멋져 보인다!

Rachel: Do you really think so?

레이첼: 정말 그렇게 생각하니?

Emily: Absolutely!

에밀리: 그럼!

Chapter

08

SOUND LIKE A TRUE NATIVE SPEAKER

진짜 네이티브 스피커처럼 말하기

Chapter

SOUND LIKE A TRUE NATIVE SPEAKER

진짜 네이티브 스피커처럼 말하기

 이 장에서는 여러분이 진짜 네이티브 스피커처럼 발음을 잘할 수 있게 해주는 몇 가지 중요한 포인트를 다룰 것입니다. 먼저 여러분은 단어들이 함께 연결되어 발음되는 방식에 대한 규칙을 배울 것입니다. 단어들을 연결해서 발음하게 되면, 말이 좀더 부드럽게 흐르게 되고, 좀더 자연스럽고 유창하게 들립니다. 또한 여러분은 어떤 단어를 약화시켜 발음하는가, 또 정확히 어떻게 약화시켜 발음하는가에 대해 좀더 배울 것입니다. 그리고 평상시에 편안하게 하는 말과 좀더 공식적이고 조심성 있는 말의 차이점도 배우게 될 것입니다.

 ## Linking Words for Smoother Speech Flow

말의 흐름을 부드럽게 해주는 연결어

영어가 모국어가 아닌 많은 사람들은 말 뜻을 분명하고 쉽게 전달하려면 한 단어씩 또박또박 발음해야 한다고 생각합니다. 이렇게 발음하는 것은 물론 말이 분명하게 들리게 해주는 데는 도움이 됩니다. 그러나 그렇게 발음하면 약간은 외국사람의 말소리처럼 들리고, 또 약간은 기계적으로 발음하는 것처럼 들려서, 거의 컴퓨터가 내는 소리처럼 들리지요.

네이티브 스피커는 여러 단어들이 같은 생각 단위 안에 들어 있으면, 이 단어들을 연결시키거나 이어서 말합니다. 앞 단어의 끝 소리에 이어서 다음에 오는 단어의 첫 소리를 발음하는 것이지요. 이렇게 이어서 발음하면 부드럽고 소리가 끊기지 않기 때문에 자연스럽고 유창하게 들리게 됩니다.

만일 단어의 맨 끝 소리를 발음하지 않고 넘어가버리는 실수를 자주 하는 사람이라면, 연음 규칙을 적용하면 자동적으로 해결될 것입니다. 단어를 이어서 발음할 때 뒤에 오는 단어가 모음으로 시작하면, 앞의 단어 맨 끝 자음을 뒤에 오는 단어에 이어 발음해야 하기 때문입니다. 이런 식으로 늘 발음하기 힘든 끝 소리가 다음에 오는 단어의 첫 소리가 되어버리는 것입니다. 예를 들면, "burn**ed** out"이라고 말하는 것보다 "burn doubt"이라고 말하는 것이 더 쉽지요.

"It's - a - cold - evening."이라고 단어마다 끊어서 말하지 말고, "It sa col devening."이라고 발음하세요. 그러면 여러분은 확실히 끝 자음을 발음함으로써 여러분의 말은 단숨에 네이티브 스피커처럼 들리게 됩니다.

> **Warning: Common Mistake**
>
> 이어서 발음하는 것과 말을 빨리 하는 것은 별개의 것입니다! 발음을 이어서 한다고 말을 빨리 할 필요는 없습니다. 네이티브 스피커가 단어를 이어서 발음할 때, 꼭 말이 더 빨라지는 것은 아닙니다. 말이 그저 부드럽게 넘어가고, 더 다듬어진 느낌이 난다는 것뿐이지요. 여러분이 단어를 이어서 발음할 때는 내용어 단어에 강세를 주는 것이 아주 중요합니다. 그래야만 필요한 곳에서 발음을 천천히 하게 됩니다. 그렇게 발음을 해야 여러분이 하는 말이 더 쉽게 이해가 됩니다.

Rules for Linking

연음 규칙

Linking Consonant to Vowel

자음과 모음을 이어 발음하기

어떤 단어가 자음으로 끝나고 이어지는 단어가 모음으로 시작할 때, 마지막 자음을 다음 모음에 이어 발음하세요. 뒤에 오는 모음으로 시작하는 단어가 마치 앞의 마지막 자음으로 시작하는 것처럼 말입니다. 이 점을 명확하게 하기 위해 아래의 예를 통해 연습해 보세요.

	이렇게 발음하세요.
1. hold on	"hole Don"
2. I like it	"I lie kit"
3. deep end	"depend"
4. get up late	"get a plate"
5. picked out	"pick doubt"
6. this guy	"the sky"

Practice Sentences
Common Expressions

문장에서 사용된 일상생활의 어구를 활용하여 단어의 마지막 자음과 뒷단어의 첫 모음과 연결하여 발음하는 것을 연습합시다. 먼저 단어를 각각 발음되는 것을 듣고, 그 다음에는 자연스러운 영어로 함께 발음하는 것을 듣게 됩니다. 뒤이어 나오는 문장은 연결하여 듣게 됩니다.

1. Good_evening.
   안녕하세요.

   Have_a good_**evening**.
   좋은 저녁 되세요.

2. Hold_on.
   (전화에서) 기다리세요.

   Please hold_on_a **minute**.
   (전화에서) 잠시 기다리세요.

3. good_idea
   좋은 생각

   That's_a really good_**idea**.
   정말 좋은 생각이야.

4. I like_it.
   나는 그것을 좋아해.

   I like_it_a **lot**.
   나는 그것을 매우 좋아해.

5. speak_English
   영어를 말하다.

   Do you speak_**English**?
   너는 영어를 말하니?

6. cup_of coffee
   커피 한 잔

   I'd like_a cup_of **coffee**.
   커피 한 잔 하고 싶어요.

7. Just_a minute.
   잠깐만 기다리세요.

   I'll be there_in just_a **minute**.
   제가 잠시 후에 거기로 갈게요.

8. where_are
   어디에 ~있다

   Where_are you **from**?
   당신은 어디 출신이에요?

9. there_are
   ~이 있다

   There_are_a lot_of people **here**.
   이곳에는 많은 사람들이 있다.

10. kind_of
    약간의

    I'm kind_of **hungry**.
    나는 약간 배고파.

Linking with the Article "an"

관사 an과 이어서 발음하기

*Every child is **an** artist. The problem is how to*
*remain **an** artist once he grows up.*

모든 어린이는 예술가이다. 문제는 어른이 되어서 어떻게 예술가로 남느냐이다.

Pablo Picasso

관사 **an**은 항상 그 뒤에 모음이 오는 단어와 연결하여 발음한다는 것을 명심하세요.(여러분은 **hour**와 **honest**의 묵음 h로 시작하는 단어가 올 때 이 연음 규칙이 또한 적용된다는 것도 기억하세요.)

Practice Sentences

다음을 잘 듣고 따라해 보세요.

1. I ate_an_apple and_an_orange.

   나는 사과와 오렌지를 먹었다.

2. I have_an_iPad and_an_iPhone.

   나는 아이패드와 아이폰이 있다.

3. I made_an_offer to buy an_amazing house.

   나는 멋진 집 한 채를 살 것을 제안했다.

4. He has_an_American_accent.

   그는 미국식 악센트가 있다.

5. Give me an_honest_answer.

   내게 정직하게 대답해.

6. That's_an_interesting question.

   그것은 재미있는 질문이다.

7. That's_an_unbelievable story.

   그것은 믿을 수 없는 얘기이다.

8. That's_an_unusual situation.

   그것은 특이한 상황이다.

9. I live_in_an_apartment.

나는 아파트에 산다.

10. I'll be there_in_an_hour.

나는 한 시간 지나면 그곳에 있을 거야.

Linking *ing* + Vowel

-ing와 모음을 연결하여 발음하기

-ing로 끝나는 단어를 다음에 오는 단어의 모음 소리와 어떻게 연결하여 발음하는지 특별한 주의를 기울이세요. /g/소리를 빠트리지 마세요. 예를 들면, **going**과 **on**을 연결하여 발음할 때 **goin' on**으로 말하지 마세요. 반면에 /g/소리를 너무 강하게 발음하여 **going gon**처럼 말하지 마세요. 혀 뒤쪽으로 입 뒤쪽을 터치하면서 /ŋ/ 하고 재빠른 비음을 내어야 한다는 것을 명심하세요.

Practice Dialogues

다음 대화를 듣고 따라해 보세요.

1. A: What_are you planning_on doing tonight?

   너는 오늘 저녁 뭐 할 예정이니?

   B: Nothing special. Just hanging_out with some friends. Are you going_out?

   특별한 일 없어. 단지 몇몇 친구들과 많은 시간을 보낼 예정이야. 너는 외출할 거니?

   A: No, I think_I'll be staying_in and watching_a movie.

   아니야. 나는 집에 머물면서 영화를 볼 생각이야.

2. A: I'm shopping_around for_a car.

   나는 자동차를 보러 다닐 거야.

   B: Are you planning_on buying_a new car or_a used car?

   너는 중고차를 살 계획이니, 새 차를 살 계획이니?

   A: I'm thinking_about getting_a used car.

   나는 중고차를 살 생각을 하고 있어.

3. A: Why did you hang_up on me?

   너는 왜 나랑 통화하다 끊었니?

   B: I hung_up because you were yelling_at me.

네가 내게 소리를 질러 끊어버렸어.

4. A: I'm breaking_up with my boyfriend.

나는 내 남자 친구와 헤어질 생각이야.

B: You're kidding! Are you really doing_it? Why?

농담하지 마! 너 정말 그렇게 할 거니? 왜?

A: Well, it's just not working_out between us.

음, 우리 사이가 전과 같지 않아.

B: But you've been dating_ȟim* a long time. I thought you were planning_on getting_engaged.

하지만 너는 오랫동안 그와 데이트를 해왔잖아. 나는 너희들이 약혼할 계획이라고 생각했어.

A: We're not getting_along any more. We've been arguing_a lot.

우리는 더 이상 잘 지내고 있지 않아. 우리는 많이 다투어왔어.

B: How long has this been going_on?

이 상황이 얼마나 오래 계속되었니?

A: As long_as_I can remember.

내가 기억하는 한 오래 지속되었어.

*h는 대명사 him에서 종종 탈락됩니다.

Practice Dialogues

다음 문장에서 자음으로 끝나는 많은 단어들이 뒤에 오는 모음으로 시작하는 단어와 연결됩니다. 이 단어들을 연결하여 발음할 때 어떻게 부드럽게 소리 나는지 주의하세요. 굵은 글씨체로 된 부분에 가장 강세가 있다는 것에 주의하세요.

1. A: Can_I come_**in**?

들어가도 될까요?

B: Yes, come_**on**_in. The door_is_**open**.

예, 들어오세요. 문 열려 있어요.

2. A: Should_I leave_it_**on**?

그것을 켜 놓아도 될까요?

B: No, turn_it_**off**.

아니오, 끄세요.

3. A: What time is it?

   몇 시에요?

   B: It's already five o'clock.

   이미 다섯 시에요.

4. A: Let's take a walk.

   산책하러 가자.

   B: That's a good idea.

   그거 좋은 생각이야.

5. A: How far is it?

   얼마나 머니?

   B: Four and a half hours away.

   네 시간 반 거리야.

6. A: This is a good film.

   이것은 좋은 영화야.

   B: Too bad it's sold out.

   매진되었다니 안됐네.

7. A: I have an awful headache.

   나는 머리가 너무너무 아파.

   B: Take an aspirin.

   아스피린을 먹어.

8. A: This is my brother - in-law.

   이 사람은 내 처남이야.

   B: We've already met.

   우린 전에 만난 적 있어.

Linking Consonant to Same Consonant

같은 자음 이어 발음하기

어떤 단어가 자음으로 끝나고 그에 이어지는 단어도 똑같은 자음으로 시작할 때, 자음을 하나만 발음하세요. 두 단어 사이에서 쉬지 말고, 발음을 약간 길게 하고 힘을 더 주어서 발음하세요. 다음의 예를 보세요.

이렇게 발음하세요.

1.	She speak**s S**panish.	"She speak Spanish."
2.	turn**ed d**own	"turn down"
3.	hel**p P**aul	"help all"
4.	we**ll l**it	"well it"
5.	bla**ck c**at	"black at"
6.	forei**gn n**ame	"foreign aim"

Word Pairs for Practice

다음 짝지어진 단어를 들으며 연습해 보세요. 첫 단어의 마지막 자음이 두 번째 단어의 첫 자음과 동일합니다.

1. bi**g g**ame
2. we**ll l**it
3. ca**n n**ever
4. goo**d d**ay
5. thi**s S**aturday

6. fa**r r**ight
7. sto**p p**laying
8. Tom **m**ight
9. boo**k c**lub
10. wha**t t**ime

Practice Sentences

다음 문장을 들으며 연습해 보세요.

1. Bo**th th**ings are fro**m m**e.
   두 개 모두 나한테서 나온 것이다.

2. Sto**p p**laying and hel**p P**aul.
   그만 놀고 폴을 도와주어라.

3. She'**s s**ingle and she'**s s**o happy.
   그녀는 독신이고 아주 행복하다.

4. I'**m m**arried and I'**m m**iserable.
   난 결혼했다. 그리고 비참하다.

5. It wa**s s**o nice to mee**t T**om.
   톰을 만나서 참 좋았다.

자음에는 두 가지 유형이 있습니다.

폐쇄음과 연속음 두 가지 자음 유형이 있다는 것을 기억하세요. 여러분이 이 두 가지 자음의 차이를 구별하는 것은 매우 중요합니다. 왜냐하면 그것이 여러분이 이어 발음할 때 여러분이 얼마나 바르게 이어 발음하는지 영향을 미치기 때문입니다.

1. 폐쇄음 – 폐쇄음은 /p/와 /b/처럼 입술로, /t/와 /d/처럼 전설(혀 앞부분)로, /k/와 /g/처럼 후설(혀 뒷부분)로 공기의 흐름을 막아서 소리 납니다.

2. 연속음 – 연속음은 종종 더 깁니다. 연속음은 폐에 공기가 머물러 있는 한 오래 지속됩니다. 흔한 연속음은 /s/, /z/, /m/, /l/, /f/, /v/와 /θ/가 있습니다.

Linking Two Consonants

두 개의 자음 이어 발음하기

3장에서 여러분은 폐쇄음과 연속음의 차이에 대해 배웠습니다. 폐쇄음과 연속음이 미국 영어에서 어떤 작용을 하는지 이해하면 단어를 연결하는 것에 도움이 될 것입니다. 폐쇄음 뒤에 다른 자음이 올 때, 폐쇄음을 멈추어야 합니다. 다시 말하면, 입술이나 혀로 그 소리를 내고 난 후에 머금은 공기를 뱉어내지 말아야 합니다. 공기를 내뱉으면 다른 음절이 생성됩니다. 대신에 입 안에 만들어지고 있는 공기압을 그냥 멈춥니다. 다음 두 가지 경우에 이렇게 해 보세요.

1. 폐쇄음이 그 단어의 끝에 있고 다음 단어가 자음으로 시작될 때, 예를 들면, **help a me**라고 말하지 말고 **help me**라고 말하세요.

2. 폐쇄음이 단어 중간에 있고 다음 단어가 역시 자음일 때, 예를 들면, **lobster**를 말할 대 **b**를 터뜨리지 말아야 합니다. **lob**/ə/**ster**라고 말하지 말고, **b**를 멈추고 **lobster**라고 말하세요(문장 끝에 오는 마지막 폐쇄음은 멈추거나 터뜨릴 수 있습니다.).

마지막 폐쇄음 뒤에 모음이 올 때 그 두 소리를 그냥 연결하여 발음하면 됩니다. 자음을 멈추는 것에 대해 생각할 필요가 없습니다. 모음과 연결하여 발음하면 자연스럽게 자음이 터뜨려지기 때문입니다. 예를 들면, **stop it**을 연결하면 **stopit**이 됩니다. 하지만 **stop that**을 말할 때에는 마지막 **p**는 멈추어야 합니다, 왜냐 하면 **that**라는 단어가 자음으로 시작되기 때문입니다. 따라서 **stop**/ə/ **that**으로 말하지 말고 **stop that**으로 말하세요.

연속음을 연결하여 발음하는 것은 훨씬 더 쉽습니다. 공기 흐름을 멈추지 말고 한 자음 소리에서 다른 자음 소리로 넘어가기만 하면 됩니다. 예를 들면, **likes to**는 **like Stu**처럼 소리 나며, **it's top**은 **it stop**처럼 소리 나며, **life and death**는 **lie fan death**처럼 소리 납니다.

Word Pairs for Practice

다음 단어의 첫 마지막 자음을 멈추어야 한다는 것을 명심하세요. 마지막 자음이 폐쇄음이라는 것을 명심하세요.

up there	baked beans	great day	cookbook
help me	fried chicken	big deal	dark night
drop down	good music	blog post	break time

Words for Practice

뒤에 오는 소리가 자음일 경우 다음 단어의 중간에 있는 폐쇄음을 멈추어야 한다는 것을 명심하세요.

admit	cupcake	midterm
hopefully	grapefruit	stepmother

Practice Dialogues

다음 대화를 듣고 따라해 보세요.

1. A: How was the big party?
   그 성대한 파티는 어땠어?

   B: We had a really good time.
   우리는 정말 좋은 시간을 보냈어.

2. A: Do you like pop music?
   너는 대중음악을 좋아하니?

   B: I prefer hip-hop music.
   나는 힙합 음악을 좋아해.

3. A: Did you eat that cupcake?
   너는 그 컵케이크를 먹었니?

   B: Yes, I couldn't stop myself.
   응. 나는 먹지 않을 수가 없었어.

4. A: Should we stop?
   우리는 멈추어 서야 하니?

   B: No, I think we should keep going.

아니, 우리는 계속해서 가야 한다고 생각해.

5. A: Why di**d** the ca**b** driver sto**p** the car?
   왜 그 택시 운전사가 차를 멈추었니?

   B: Because there was a sto**p** sign.
   정지 신호가 있었기 때문이야.

6. A: Shoul**d** we loc**k** the door?
   우리는 문을 잠가야 할까?

   B: I thin**k** tha**t** woul**d** be goo**d**.
   나는 그게 좋을 거라고 생각해.

7. A: Did you fin**d** the answer?
   너는 해답을 찾았니?

   B: I'm looking it u**p** right now.
   나는 곧 그것을 찾아볼 거야.

Linking Vowel to Vowel

모음을 모음에 이어 발음하기

한 단어가 모음으로 끝나고 다음 단어가 모음으로 시작하면 두 단어 사이에 쉬지 마세요. 소리와 소리 사이를 더 부드럽게 이동하거나 두 모음이 완전히 발음된다는 것을 확실히 하기 위해 (/eɪ/, /i/와 /ai/와 같은) 전설모음 뒤에 짧은 /y/를 넣으며, (/ʊ/와 /ou/ 같은) 후설모음 뒤에 짧은 /w/소리를 넣습니다.

		이렇게 발음합니다.
매우 빠른 /w/소리 삽입	go out	"go – wout"
	How are you?	"how ware you?"
매우 빠른 /y/소리 삽입	I am	"I yam"
	they are	"they yare"

Practice Sentences

잘 듣고 연습해 보세요.

1. I ᵞate out.
   나는 외식했다.

2. Go ʷon.
   계속 해.

3. They ^{y}agree.

그들은 동의한다.

4. I know ^{w}it.

나는 그것을 알아

5. May ^{y}I come in?

들어가도 되니?

6. So ^{w}awesome!

너무 멋져!

7. I'll buy ^{y}it.

나는 그것을 살 거야.

8. He ^{y}ate out.

그는 외식했다.

Practice Dialogues

잘 듣고 따라해 보세요.

1. A: Why ^{y}are you so ^{w}upset?

   너 왜 그렇게 화났니?

   B: I ^{y}am not!

   나 화나지 않았어.

2. A: Who ^{w}is he?

   그는 누구니?

   B: He ^{y}is the ^{y}announcer.

   그는 그 아나운서야.

3. A: How ^{w}is the weather?

   날씨는 어때?

   B: Go ^{w}outside and find out.

   나가서 알아봐.

4. A: Do ^{w}I need to do ^{w}it?

   내가 그것을 할 필요가 있니?

   B: No, I ^{y}already did it.

   아니. 내가 벌써 했어.

Do I Say *the* or *thee*?

정관사 **the** 다음에 모음이 오면 /i/발음이 되어 "**thee**"라는 소리가 납니다. 그러나 뒤에 자음이 오면 **the**의 마지막 모음은 **fun**의 **u**와 같이 /ə/가 됩니다.

/i/	/ə/
th**e** earth	th**e** world

/i/	/ə/
th**e** apple	th**e** banana

Linking Vowels within a Word

한 단어 안에서 모음 이어 발음하기

하나의 단어 안에서 두 개의 모음이 같이 발음될 때에도, 우리는 /y/소리나 /w/소리를 살짝 넣어줍니다. 우리는 "**die it**"이라고 하지 않고 "**die+ yet**"이라고 발음합니다.

Words for Practice

	이렇게 발음하세요.		이렇게 발음하세요.
client	"cli /y/ ent"	cooperate	"co /w/ operate"
science	"sci /y/ ence"	experience	"experi /y/ ence"
serious	"seri /y/ ous"	diet	"di /y/ et"
quiet	"qui /y/ et"	furious	"furi /y/ ous"
appreciate	"appreci /y/ ate"	negotiate	"negoti /y/ ate"
museum	"muse /y/ um"	San Diego	"San Di /y/ ago"

Practice Dialogues

다음 대화를 들으며 연습해 보세요.

이번 연습과 다음에 이어지는 연습은 여러분이 연음 발음을 연습할 수 있도록 해줄 것입니다. 주로 명사나 동사인 주요 단어에 가장 센 강세가 온다는 점을 잊지마세요. 더 긴 문장에서는 각 생각 단위의 중심 단어에 가장 센 강세를 주세요.

In the Department Store 백화점에서

A: Can I help you?

무엇을 도와드릴까요?

B: I'm looking for a pair of sunglasses.

선글라스 하나를 찾고 있습니다.

A: The sunglasses are on the other side of the make up counter.

선글라스는 메이크업 카운터 건너편에 있어요.

B: Oh these are nice. Can I try them on?

아 이거 좋습니다. 이거 한번 써봐도 될까요?

A: The mirror is over here.

거울은 여기 있어요.

B: How much are these?

이거 얼마예요?

A: They're on sale for one hundred and eighty dollars.

이게 세일해서 180달러에요.

B: That's a lot of money. I don't think I can afford that.

큰 돈이네요. 나한테는 그만한 돈이 없을 것 같네요.

A: The style is amazing. We're almost all sold out.

스타일이 아주 좋아요. 우리 물건은 거의 다 매진되었어요.

B: Do you have any that are cheaper?

좀 더 싼 거 없어요?

A: No, I am afraid I don't. Is there anything else I can help you find?

없는 것 같아요. 달리 또 찾으시는 것 있으세요?

B: As a matter of fact, yes. Help me find a rich husband!

사실은 있어요. 부자 남편 좀 찾게 도와주시지요

More Practice Dialogues

다음 대화를 들으며 연습해 보세요.

같거나 비슷한 자음 두 개가 더 부드럽게 연결되기 위해 어떻게 하나로 섞여 발음되는지를 주목해 보세요. 마지막 자음은 개방해서는 안 됩니다.

1. A: I believe Veronica speaks Spanish.

   나는 베로니카가 스페인어를 한다고 생각해요.

   B: Of course she does. She's from Mexico.

   물론 그녀는 스페인어를 합니다. 그녀는 멕시코 출신이에요.

A: That makes sense.

그렇겠군요.

2. A: When's the big game?

언제 빅 게임을 하는 거지?

B: Either this Saturday or this Sunday.

이번주 토요일이나 일요일에.

A: Do you think they'll lose?

네 생각에 그들이 질 것 같아?

B: I hope not.

그러지 않길 바래.

3. A: Keep practicing.

계속 연습해.

B: You're right, I need to.

네가 옳아. 난 그래야 해.

4. A: You'll love it.

너는 그걸 좋아하게 될 거야.

B: I suppose so.

나도 그렇게 생각해.

5. A: It was a fun night but I need to go.

아주 재미있는 밤이었어. 그런데 난 가야 해.

B: Let's stay a little longer.

조금만 더 있자.

A: You stay, I'll leave with them.

넌 있어. 난 그 애들이랑 간다.

B: Okay then, I'll leave too.

그럼 그렇게 해. 나도 간다.

Practice Paragraph

다음 글을 들으며 연습해 보세요.

이 문장은 모음과 모음, 자음과 모음, 그리고 자음과 자음을 연결해서 발음하는 연습입니다. 중심 단어는 굵은 글씨로 되어 있고, 생각 단위는 빗금으로 나눠져 있습니다.

My American Accent

I've been practicing the ʸAmerican **accent** // for a **while** now. At **first**, // it was kind of **hard** // to keep **track** of all the rules and **exceptions**. I had no ʷ**idea** // there was so much to **learn**. I've been **practicing** // with the ʸ**audio** materials. // It's somewhat **easier** // to pronounce some of the **sounds** // but it's difficult to know // how ʷI sound to ʷ**others**. I think I'm getting **better**. One of the hardest **things** for me // is to stress some **syllables** // and to reduce certain **others**. When I ʸask my **friends** // how ʷI **sound**, they ʸall **say** // they hear a difference in my **speech**. My **boss** said // that I am making **progress** // and that I **sound** // more and more like a native speaker. My clients are not **asking** me // to **repeat** myself as much. It makes it all **worthwhile**. I won't stop **practicing**.

나의 미국 악센트

나는 지금까지 얼마 동안 미국 악센트를 연습해 왔다. 처음에는 모든 규칙과 예외를 배우는 것이 약간 어려웠다. 배워야 할 것이 그렇게 많은 줄을 알지 못했다. 나는 오디오 자료로 계속 연습했다. 어떤 발음들은 발음하기가 좀 쉬웠지만, 또 어떤 발음들은 어떻게 소리 내야 하는지 알기가 어려웠다. 나는 계속 나아지고 있다고 생각한다. 나한테 가장 어려운 것 중의 하나는 어떤 음절에는 강세를 주고 어떤 것들은 약화시키는가이다. 내 친구들에게 내 발음이 어떠냐고 물으면, 모두 내 말이 나아졌다고 말한다. 사장님은 내가 나아지고 있고, 점점 더 네이티브 스피커에 가깝게 발음한다고 말씀하셨다. 나의 고객들도 다시 말해달라고 그다지 많이 요구하지 않는다. 연습을 열심히 한 보람이 있었다. 나는 연습하기를 멈추지 않을 것이다.

⚠ Warning: Common Mistake

생각 단위 안에서 쉬지 마세요.

Don't say:

He's // at work until eleven // o'clock. 그는 11시까지 일한다.

Say:

He's at work // until eleven o'clock.

📖 Study Tip

여러분이 미국 영화를 볼 때면, 영어로 된 캡션이나 자막을 함께 보려고 노력해 보세요. 이는 청취 기술을 향상시켜주고, 적당한 멜로디를 사용할 수 있게 해주며, 또한 미국 영어에서의 일반적인 발음 약화를 배우는 아주 좋은 방법입니다. 어떤 장면은 다시 보기를 해서 배우들의 대사를 여러 번 반복해 따라해 보세요. 여러분이 그 대사를 배우들처럼 말할 수 있을 때까지요.

Contractions
축약

"축약(contraction)"은 앞에 오는 단어와 연결될 때 말이 짧아지는 것을 말합니다. 예를 들면, "**She is** nice."는 "**She's** nice."로 보통 줄여 말합니다. 축약형은 영어에서 표준이 되는 부분에 속하며, 공식적인 상황에서도 쓰입니다. 말을 줄여 하는 것이 부주의하다거나 나태한 표현이라고 여기지는 않습니다. 사실 만일 이러한 축약을 이용하지 않는다면, 여러분이 하는 말은 좀 기계적이고 외국인이 하는 말처럼 들릴 것입니다. 또 심지어는 여러분이 영어를 유창하게 하지 못한다는 인상까지 줄 수가 있지요. 예를 들면, 여러분은 사람들이, "**I am** happy."보다는 "**I'm** happy."라고 말하는 것을 듣게 될 것입니다. 만일 "**I am** happy."라고 말하는 것을 듣는다면, 그것은 보통 "I don't think you're happy.(난 당신이 불행하다고 생각해요.)"라는 말에 대한 대답으로 하는 표현이겠지요. "**I am** happy."라고 *am*에 강세를 준다면, 그 의미는 "I *really* am happy.(난 정말 행복해요.)"라는 뜻입니다.

축약형을 사용하지 않는 또 다른 상황은 말하는 사람이 다음에 뭘 말할까 생각하려고 쉬면서 말할 때입니다. 예를 들면, "I am... happy." 이렇게 말합니다.

주의: 문어체 영어에서는 비공식적인 글이 아니라면 축약형을 쓰지 마세요.

> **Warning: Common Mistake**
>
> 여러분 마음대로 아무 단어나 줄여서 말하면 안 됩니다. 네이티브 스피커들이 말을 줄여서 하는 데에는 특정한 규칙이 있습니다. 축약형은 여러분이 네이티브 스피커들이 말하는 것을 들은 것들과 이 책에서 배우는 것들만 사용하세요.

Commonly Contracted Words
일반적으로 줄여 말하는 단어

1. be동사
    I'm happy.
    나는 행복하다.

    She's American.
    그녀는 미국인이다.

2. 조동사: be동사, would, will, have 등을 포함합니다.
    He's working.

그는 일하고 있다.

He'd like to go.

그는 가고 싶어한다.

I'll call you.

내가 당신에게 전화하겠다.

I've been there.

나는 거기 간 적이 있다.

3. not: not은 have, be, can, could, should, would, must 뒤에 오면 줄여서 씁니다.

I **haven't** been there.

나는 거기에 간 적이 없다.

I **can't** do that.

나는 그 일을 할 수가 없다.

Practice with Contractions: *will*

축약형 연습하기: will

1. I will do it.   I'll do it.

    나는 그 일을 할 거야.

2. You will like it.   **You'll** like it.

    너는 그것을 좋아할 거야.

3. He will call you.   **He'll** call you.

    그는 너한테 전화할 거야.

4. We will take it.   **We'll** take it.

    우리는 그것을 가지고 갈 거야.

5. They will see.   **They'll** see.

    그들은 볼 거야.

6. It will rain.   It'll rain.

    비가 올 거야.

7. It will be good.   It'll be good.

    그게 좋을 거야.

8. That will be all.   **That'll** be all.

    그게 다일 거야.

9. There will be snow.   **There'll** be snow.

    눈이 올 거야.

Practice with Contractions: *would*

축약형 연습하기: would

1. I would go.   **I'd** go.
   나는 갈 거야.

2. I would like some more.   **I'd** like some more.
   나는 좀 더 원해요.

3. He would go if he could.   **He'd** go if he could.
   그는 갈 수만 있다면 갈 것이다.

4. She would understand.   **She'd** understand.
   그녀는 이해할 것이다.

5. We would like to see it.   **We'd** like to see it.
   우리는 그것을 보고 싶다.

Practice with Contractions: *had*

축약형 연습하기: had(발음은 would의 축약형과 같습니다.)

1. I had never seen it before.   **I'd** never seen it before.
   나는 예전에는 그것을 본 적이 없어.

2. She had known about it.   **She'd** known about it.
   그녀는 그것에 관해 알고 있었다.

3. You had better fix it.   **You'd** better fix it.
   너는 그것을 수리하는 게 낫겠다.

Practice with Contractions: have*

축약형 연습하기: have

1. I have been there.   **I've** been there.
   나는 거기에 간 적이 있다.

2. I have already eaten   **I've** already eaten.
   난 벌써 먹었다.

3. We have heard.   **We've** heard.
   우리는 들었다.

4. They have done it.
   그들은 그 일을 했다.

   They've done it.

5. I would have done it.
   나는 그 일을 했을 텐데.

   I **would've** done it.

6. You should have told me.
   너는 나한테 말을 했어야 했다.

   You **should've** told me.

7. You must have seen it.
   너는 틀림없이 그것을 보았구나.

   You **must've** seen it.

*주의: 미국인들은 일반적으로 **have**는 조동사로 쓰일 때만 줄여서 씁니다. 예를 들면, "**I've been.**"과 "**I've heard.**"라고 합니다. 그러나 **have**가 본동사일 때는 "**I've a car.**" 라고 하지 않고, "**I have a car.**"라고 합니다.

Practice with Contractions: *has*

축약형 연습하기: has

1. She has left.
   그녀는 떠났다.

   She's left.

2. It has been fun.
   그것은 재미있었다.

   It's been fun.

3. He has already eaten.
   그는 이미 먹었다.

   He's already eaten.

4. Who has seen the film?
   누가 그 영화를 보았지요?

   Who's seen the film?

Practice with Contractions: *is*

축약형 연습하기: is (발음은 has의 축약형과 같습니다.)

1. He is working.
   그는 일하고 있다.

   He's working.

2. She is a teacher.
   그녀는 선생이다.

   She's a teacher.

3. It is hot.
   날씨가 덥다.

   It's hot.

4. Sam is American.
샘은 미국인이다.

Sam's American.

5. Mary is tall.
매리는 키가 크다.

Mary's tall.

6. Dinner is ready.
저녁 준비가 다 되었다.

Dinner's ready.

Practice with Contractions: *am*

축약형 연습하기: am

1. I am fine.
나는 괜찮아.

I'm fine.

2. I am from Japan.
나는 일본에서 왔어.

I'm from Japan.

Practice with Contractions: *are*

축약형 연습하기: are

1. We are waiting.
우리는 기다리고 있다.

We're waiting.

2. We are sorry.
우리는 유감이다.

We're sorry.

3. They are leaving.
그들은 떠날 것이다.

They're leaving.

4. They are there.
그들은 거기에 있다.

They're there.

5. What are they doing?
그들은 뭘 하고 있는 거지?

What're they doing?

6. When are they coming?
그들이 언제 오는 거야?

When're they coming?

7. Where are they going?
그들이 어디로 가는 거야?

Where're they going?

Practice with Contractions: *not*

축약형 연습하기: not

1. I cannot swim.
   나는 수영을 못한다.

   I **can't** swim.

2. I should not go.
   나는 가면 안 된다.

   I **shouldn't** go.

3. I do not like it.
   나는 그것을 좋아하지 않는다.

   I **don't** like it.

Word Pairs for Practice

다음 짝지어진 단어를 들으며 연습해 보세요. 아래 짝지어진 두 단어는 같은 소리로 발음됩니다.

1. aisle   I'll
2. wheel   we'll
3. there   they're
4. weed   we'd

5. heel/heal he'll
6. your   you're
7. weave   we've
8. heed   he'd

Practice with Contractions: Common Expressions

축약형 연습하기: 흔히 쓰이는 표현

1. **How's** it going?
   어떻게 지내?

2. **What's** up?
   어떻게 지내?

3. **What're** you doing?
   뭐하고 있어?

4. **What've** you been up to?
   요즘 뭐하고 지냈어?

5. **What's** the matter?
   뭐가 문제야?

6. **What'll** it be?
   어떻게 해 드릴까요?

7. **That'll** be all.
   그게 다일 거야.

8. **It'll** be hot.
   날씨가 더울 거야.

9. **It'll** be good.
   그거 좋을 거야.

10. **It'll** rain.
    비가 올 거야.

11. **How've** you been?
    어떻게 지냈어?

12. **Where're** you going?
    어디 가려고?

13. **Where's** he from?

그는 어디 출신이야?

14. **Where're** they from?

그들은 어디 출신이야?

15. **I'd** like that.

나는 그것을 원해.

16. **Who's** calling?

여보세요?

17. **What's** new?

별일 없어?

18. **I'm** fine.

난 잘 지내.

Practice Dialogues

다음 대화를 들으며 연습해 보세요.

Employee Meeting 직원 회의

A: Hi Tom. **I've** got a question. What **time's** our meeting?

안녕 탐. 나 물어볼게 있어. 우리 미팅 몇 시야?

B: **It'll** start at five.

다섯 시에 시작하지.

A: Oh great. **I'm** glad **I'll** be able to make it. **Who's** coming?

아. 훌륭하군. 회의에 참석할 수 있으니 기뻐. 누가 오는데?

B: **Let's** see... **Bob'll** be there, **John'll** be there and **I'll** be there, but Mary **won't** make it. **She's** out of town.

보자. 밥이 오겠군. 존도 올 것이고, 나도 갈 거고, 그런데 매리가 못 오겠네. 매리는 시골에 갔어.

A: How about Nick?

닉은 어떤데?

B: He **can't** make it. He said he **would've** come if **he'd** known about it earlier.

닉도 못 오지. 닉이 그러던데, 좀더 일찍 알았다면 자기도 회의에 왔을 거라고.

A: Is Vivian coming?

비비안은 오나?

B: She said **she'd** like to make it, but **she's** got a lot of work to do.

비비안은 자기도 오고 싶은데, 할 일이 너무 많대.

A: **It'll** only last an hour, **won't** it?

회의는 겨우 한 시간 밖에 안 걸리는데, 그렇지?

B: Yes, **we'd** better keep it short. **Everybody'll** want to go home by six o'clock.

그래. 미팅은 짧게 하는 게 좋겠어. 모두들 여섯 시까지는 집에 가고싶어 할 거야.

In the Restaurant 식당에서

A: **I've** been looking forward to eating here.

난 여기에서 꼭 먹어보고 싶었어요.

B: Me too. **Everyone's** been talking about this place.

나도 그래요. 다들 이 식당 얘기를 하더라고요.

A: **What're** you gonna order?

뭐 주문하실래요?

B: **I'm** hungry. I think **I'd** like some meat tonight.

난 배고파요. 난 오늘밤 고기를 좀 먹고 싶네요.

C: Hi folks. **I'll** be your waitress. Ready to order?

안녕하세요. 저는 웨이트리스예요. 주문하실래요?

B: Yes, **we're** ready.

예, 그러지요.

C: Great. **What'll** it be?

좋아요. 뭐로 하실래요?

B: **She'll** have chicken and **I'll** have steak. And **we'll** both have a glass of red wine.　　　　저 여자분은 치킨을 드실 거고, 저는 스테이크 먹겠습니다. 그리고 우리 둘 다 붉은 포도주 한 잔씩 주세요.

C: Is that it?

그게 다예요?

B: **That'll** be all.

그게 다예요.

C: Got it. Your **food'll** be ready in a few minutes.

알겠어요. 주문하신 음식은 몇 분 안에 준비될 겁니다.

Forgotten Birthday 깜빡 잊은 생일

A: It was my birthday two weeks ago.

2주 전에 내 생일이었어.

B: Oh, I **must've** been too busy to look at my calendar. You **should've** told me. We **could've** celebrated together. I **would've** taken you out to dinner. Or I **could've** at least baked you a cake.

아이고, 내가 너무 바빠서 달력 보는 걸 깜빡한 게 틀림없네. 나한테 말을 했어야지. 그럼 우리가 같이 축하할 수 있었을 텐데. 저녁 먹으러 너를 데리고 나갔을 테고, 아니면 최소한 너한테 케이크라도 구워 주었을 텐데.

Song Lyrics for Practice

"After You've Gone"

After **you've** gone – and left me crying

After **you've** gone – **there's** no denying

You'll feel blue – **you're** gonna be sad

You've missed the dearest pal you ever had

There'll come a time – **don't** forget it

There'll come a time – when **you'll** regret it

Some day when **you'll** grow lonely

Your heart will break like mine – **you'll** want me only

After **you've** gone – after **you've** gone away

by Creamer/Layton

"당신이 떠난 후에"

당신이 떠난 후 나는 울고 있어요
당신이 떠난 후 부정할 수 없어요
당신은 우울함을 느끼고, 당신이 슬퍼질 거라는 것을
당신은 당신과 함께 했던 사랑하는 친구를 그리워하고 있다는 것을

당신이 이별을 잊지 못할 때가 올 거예요
당신은 이별을 후회할 때가 올 거예요

언젠가 당신이 외로워질 때
나처럼 당신의 가슴도 찢어질 거예요, 당신은 나만을 원할 거예요

당신이 떠나고 난 후에, 당신이 떠나버린 후에

by Creamer/Layton

Conditional Tense and Contractions

조건절과 축약

조건절의 문법은 여러분이 축약형에 관해 배울 수 있는 많은 요소들을 포함하고 있습니다. 예를 들어, 다음의 가정법 과거완료 문장에는 열세 개의 짧은 단어가 들어 있습니다. "**If you had not called me, I would**

not have known about it.(만일 네가 나한테 전화하지 않았다면, 나는 그것에 대해서 알지 못했을 텐데.)" 만약 이 문장의 단어를 한 단어씩 또박또박 발음한다면 분명히 부자연스럽고 낯설게 들릴 것입니다. 미국인이 이 문장을 발음하는 방식은 다음과 같습니다. "**If you hadn't called me, I wouldn've known about it.**" "**wouldn't have**"가 아니라, "**woudn've**"라고 우리는 발음합니다. **not**이라는 단어의 **t**발음 이 사라져버리지요. 혹시, 더욱 편안한 상황이라면, **would not have**의 **have**도 **a**로 축약되어 "**woudna**" 와 같이 발음됩니다.

이러한 문법적인 사항은 영어를 웬만큼 하는 학생들에게도 좀 어려울 수 있습니다. 교실에서가 아니라 미국 현 지에서 말을 하면서 비공식적으로 배워 영어를 꽤 잘하는 학생들도 역시 어려움을 느낄 수 있을 것입니다. 이러 한 조건절 문장, 특히 가정법 과거완료 문장을 빠르고 자연스럽게 발음하는 것은 영어를 배우는 많은 사람들에 게 쉽지 않은 일입니다. 만일 여러분도 그렇다면, 이러한 문법적인 요소를 마스터하려는 노력을 별도로 하십시 오. 다음의 연습 문장들을 반복해서 연습하면 문법적인 유형을 기억하는 데 도움이 될 것입니다. 그러한 문장에 숙달되었다고 느껴질 때까지 연습하세요.

Word Groups for Practice

다음 단어 그룹을 들으며 연습해 보세요.

가정법 과거완료 문장의 쉬운 부분인 **if**절에서 줄임말을 사용하는 법을 배워봅시다.

		이렇게 발음하세요
1.	If I had been...	"If I'd been..."
2.	If I had not called...	"If I hadn't called..."
3.	If she had seen...	"If she'd seen..."
4.	If they had gone...	"If they'd gone..."

이제 가정법 과거완료 나머지 반쪽 문장도 연습해 봅시다. 축약형에는 표준적인 말과 일상적인 말 두 가지 유형 이 있습니다.

		이렇게 발음하세요	일상적인 말
1.	would have	"would've"	"woulda"
2.	would not have	"wouldn've"	"wouldna"
3.	could have	"could've"	"coulda"
4.	could not have	"couldn've"	"couldna"
5.	should not have	"shouldn've"	"shouldna"

Conditional Questions

조건 의문문

have를 포함하는 의문문에서는 /ə/소리를 대명사와 축약형 사이에 넣어주어야 합니다. 그러나 평서문에서는 그렇게 하지 마십시오. 예를 들면, "Would you have been there?" 같은 질문은 "Would you'/ə/ve been there?"라고 들립니다. 그러나 평서문에서는 "You've been there."라고 소리납니다.

이렇게 발음하세요.

1. Would you have...?   "Would you'/ə/ve...?"
2. Would you have been...?   "Would you'/ə/ve been...?"
3. Would she have...?   "Would she'/ə/ve... ?"
4. Would she have wanted...?   "Would she'/ə/ve wanted...?"

Practice Sentences

다음 문장들은 모두 과거 조건법입니다. 문장을 들으며 연습해 보세요.

1. If **I'd** known it was your birthday, I **would've** gotten you a present.
   만일 내가 그 날이 너의 생일인 것을 알았다면, 너에게 선물을 주었을 텐데.

2. If you **hadn't** been driving so fast, you **wouldn've** gotten a ticket.
   만일 네가 그렇게 차를 빨리 몰지 않았다면, 너는 딱지를 떼이지 않았을 텐데.

3. If the **weather'd** been warmer, we **would've** gone to the park.
   만일 날씨가 더 따뜻했다면, 우리는 공원에 갔을 텐데.

4. If **he'd** been more careful, he **wouldn've** had an accident.
   그가 좀더 조심성이 있었다면, 사고를 내지 않았을 텐데.

5. I **would've** passed the test if **I'd** studied more.
   만일 내가 좀더 공부를 했더라면, 시험에 붙었을 텐데.

6. Would **you'/ə/ve** done that if **you'd** been in my shoes?
   만일 당신이 내 입장이었다면, 그렇게 했겠어요?

7. What would **you'/ə/ve** said if **she'd** asked you about it?
   만일 그녀가 당신한테 그것에 대해 물었다면, 당신은 무엇이라고 말했겠어요?

8. Where would **you'/ə/ve** gone if you **hadn't** come to the US?
   만일 당신이 미국에 오지 않았다면, 당신은 어디로 갔을까요?

Practice Sentences

아래의 문장은 일상적인 말의 예입니다. have를 've 대신에 a라고 발음해 보세요.

9. If it **hadn't** rained, we **wouldna** canceled the picnic.

   비가 오지 않았다면, 우리는 소풍을 취소하지 않았을 텐데.

10. It **woulda** been more fun if **there'd** been more people at the party.

    파티에 더 많은 사람들이 있었다면, 더 재미가 있었을 텐데.

11. I **woulda** called you if **you'd** given me your number.

    만일 네가 나한테 네 전화번호를 주었다면, 내가 너한테 전화했을 텐데.

12. If **they'd** come on time, they **wouldna** missed their flight.

    만일 그들이 제시간에 왔다면, 그들은 비행기를 놓치지는 않았을 텐데.

13. She **wouldna** known if you **hadn't** told her.

    만일 당신이 그녀에게 말하지 않았다면, 그녀는 알지 못했을 것이다.

Practice a Dialogue

다음 대화를 들으며 연습해 보세요.

A: What would **you'ə/ve** done if you **hadn't** come to the United States?

   만일 당신이 미국에 오지 않았다면, 당신은 무엇을 했을까요?

B: If I **hadn't** come to the US, I **would've** lived with my family, and I **wouldn've** had to study English. I **wouldn've** met my wife. I **would've** married someone else.

   만일 내가 미국에 오지 않았다면, 나는 내 가족과 함께 살았을 것이고, 영어 공부를 하지 않아도 되었겠죠. 내 아내를 만나지도 않았겠고, 누군가 다른 사람과 결혼했을 겁니다.

Advice from a Successful Student

아래의 텍스트를 읽어보면 여러분의 발음 학습에 도움이 될 것입니다. 미국 영어 악센트를 훌륭하게 학습한 여러분과 같은 비영어권 출신 배우가 느끼고 경험한 발음 학습 방법에 대한 경험담입니다.

"Speak with confidence. I have learned that your insecurity will actually make your accent stronger. When I go on acting auditions, I first do my homework and work on my major mistakes, and then I let go of all that work and I just do it. I am just myself. So, if you have an important interview or speaking situation coming up, just relax and let your true self come out. Don't be inhibited.

Mauricio Sanchez, Actor, Venezuela

"자신감 있게 말하세요. 나는 불안감이 여러분의 악센트를 실제로 더 강하게 만든다는 것을 알게 되었습니다. 내가 연기 오디션을 계속 보았을 때, 나는 먼저 과제를 연습한 뒤에 그 다음에는 내가 주로 하는 실수를 반복 연습합니다. 그리고 나서는 일이 흘러가는 대로 두고 나는 그냥 내 식대로 합니다. 나는 그저 나일 뿐이니까요. 그러니까 만일 여러분이 중요한 인터뷰나 말을 해야 하는 상황이 온다면, 그냥 긴장을 풀고 여러분의 진정한 모습을 드러내세요. 자신감을 가지세요."

Mauricio Sanchez, 배우, 베네주엘라

Casual Versus Formal Speech

격식을 차리지 않는 말과 공식적인 말

일상적인 말(causal speech)은 친구나 가까운 사람들과 비공식적인 자리에서 하는 말입니다. 편안한 자리에서는 우리는 발음이나 문법에 좀 덜 신경을 씁니다. 그렇지만 축약형에서와 같이 비공식적인 말이라 하더라도 일정한 규칙이 있습니다. 여러분이 임의로 약화시키고 싶다고 해서 아무 말이나 약화시켜 말하지 마십시오. 그렇지 않으면 여러분의 말은 더 낯설게 들리고 이해하기 어렵게 되고 맙니다.

일상적인 말은 공식적인 말과 구별되는 어떤 특징이 있습니다. 그 특징은 주로 다음과 같습니다.

A. 문장은 짧아지고, 문법은 단순해진다.

이렇게 말합니다.

1. Do you want to go?   "Wanna go?"
    너 가고 싶니?

2. You'd better do it.   "You better do it."
    너는 그것을 하는 게 낫겠다.

B. 모든 자음을 각각 발음하는 데 신경을 덜 씁니다.

이렇게 말합니다.

1. probably   "probly"
2. I don't know   "I dunno"

3. remember   "member"
4. going   "goin"
5. until   "til"
6. because   "cuz"

C. 속어를 더 많이 씁니다.

이렇게 말합니다.

1. I need five dollars.   "I need five bucks."
   나는 5달러가 필요해.

2. I don't have any money.   "I'm broke."
   나는 돈이 한 푼도 없어.

다음은 비공식적인 말에서 이루어지는 단순화의 규칙들입니다.

격식을 차리지 않는 말의 규칙과 형태		
공식적인 말	비공식적이고 편안한 말	예문
you	ya	I'll call ya. 내가 너한테 전화할 게. See ya. 또 봐.
because	'cuz	I did it 'cuz I wanted to. 나는 그 일을 했어, 왜냐하면 내가 원했으니까. I'm tired 'cuz I worked all day. 나는 하루 종일 일해서 피곤해.
I don't know	I dunno	I dunno why. 나는 이유를 몰라. I dunno what to do. 나는 무엇을 해야 할지 모르겠어.
let me	lemme	Lemme do it. 내가 그 일을 하게 해줘. Lemme help you. 내가 너를 도와줄게. Lemme talk to him. 내가 그와 이야기하게 해줘.

give me	gimme	Gimme a call. 전화해 줘. Gimme a break! 기회를 줘. Can you gimme a minute? 잠깐 시간 좀 내줄래?
did you...?	joo	Joo call me? 나한테 전화했어? Why joo do it? 너는 왜 그 일을 했지?. Joo go out last night? 너 어젯밤에 외출했어?
do you want to...?	wanna...?	Wanna go out? 나가고 싶니? Wanna dance? 춤추고 싶니? What do you wanna do? 뭘 하고 싶니?
have got to...	gotta...	I gotta go. 난 가야 해. You gotta do it. 너는 그 일을 해야 해.
should've would've could've must've	shoulda woulda coulda musta	You shoulda told me. 너는 내게 말해야 했어. It woulda been nice. 좋았을 텐데. We coulda come. 우리는 올 수 있었을 텐데. You musta seen it. 너는 틀림없이 그것을 보았을 거야.
shouldn't have wouldn't have couldn't have	shouldna wouldna couldna	You shouldna done that. 너는 그 일을 해야만 했어. I woundna known. 나는 몰랐을 텐데. It couldna happened. 그 일이 일어나지 않았을 수도 있어.
going to	gonna	I'm gonna go. 나는 갈 거야. It's gonna rain. 비가 올 거다. What are you gonna do? 너 뭐 할 거니?

what do you...?	wadda you...?	Whadda you want? 너 뭘 원하니? Whadda you doing? 무얼 하고 있어? Whadda you think? 무슨 생각해?
a lot of	a lotta	That's a lotta money. 그건 큰 돈이야. I've got a lotta friends. 난 많은 친구가 있어.
kind of	kinda	It's kinda hot. 좀 덥다. What kinda car is that? 그거 무슨 종류의 자동차야?
out of	adda	Get adda here. 여기서 나가. I'm adda money. 난 돈 없어. You're adda your mind. 너 제정신이 아니구나. 의미: You're crazy.
go to	goddu	I goddu work. 나는 일하러 간다. Let's goddu a concert. 우리 콘서트에 가자.
yes	yeah yup	Yeah. It's good. 그래. 그거 좋네. Yup. I did it. 그래. 내가 그거 했어.
no	nope	Nope. I'm not going. 아니. 난 안가. Nope. That't not right. 아니. 그거 아냐.
-ing	in'	What are you doin'? 너 뭐하냐? Nothin' much. 별거 안 해.

Practice Dialogues

다음 대화를 들으며 연습해 보세요.

Invitation to a Movie 영화관에 초대하기

A: **Whadda** you **doin'** tonight?

오늘 밤 뭐하니?

B: I **dunno** yet. I think I'm **gonna** just stay home.

아직 모르겠는데. 난 그냥 집에 있을 거야.

A: **Wanna** go to a movie?

영화 보러 갈래?

B: I'm **kinda** tired. I **gotta** get up early tomorrow.

난 좀 피곤해. 내일 아침 일찍 일어나야 해.

A: **Joo** go out last night?

어젯밤에 외출했었어?

B: **Yeah**, I **shoudna** gone to bed so late. I **woulda** had a lot more energy today.

응. 그렇게 늦게 자지 않았다면. 오늘 훨씬 기운이 있었을 텐데.

A: Why **don cha** just take it easy then, and we'll go out some other time.

그럼 좀 쉬지 그래. 그럼 우리 다음에 가자.

B: Okay, **lemme** know when you're free again. See **ya**.

그래. 네가 다시 시간 나면 그때 알려줘. 안녕.

Chapter

09

MEMORIZING THE

EXCEPTIONS

예외 기억하기

Chapter 09

MEMORIZING THE EXCEPTIONS

예외 기억하기

이 장은 네이티브 스피커가 아닌 사람들이 주로 잘못 발음하는 단어들로 구성되어 있습니다. 철자는 같지만 발음은 다르게 나는 단어들, 또 철자는 다르지만 같은 발음으로 나는 단어들도 정리해 놓았습니다. 가끔 같은 단어가 다른 나라 언어에도 존재하지만 발음이 다른 경우도 있습니다. 또 소리가 나지 않는 자음이 들어 있는 흔하게 쓰이는 단어들과 사라지는 음절이 들어있는 단어들도 목록으로 실었습니다. 마지막으로는 네이티브 스피커들조차도 발음하기 어려워하는 단어들의 목록도 실었습니다. 하지만 교육을 받은 영어 화자의 목표는 언어를 항상 잘 사용하고, 단어를 명쾌하고 올바르게 발음하는 것입니다.

여러분이 이 장에서 보게 되겠지만, 영어는 비논리적인 철자 규칙들과 예외가 아주 많습니다. 여러분이 이 장에 나온 흔하게 잘못 발음되는 단어의 정확한 발음을 외워둔다면, 분명히 여러분의 악센트에 대해서 더 자신감을 가질 수 있을 것입니다.

Same Spelling, Different Pronunciation

같은 철자, 다른 발음

아래 표의 단어들은 자주 쓰이는 단어인데 철자는 같지만 발음도 다르고 의미도 다릅니다.

	발음	의미
b<u>a</u>ss	**fat**의 /æ/	물고기 종류
b<u>a</u>ss	**take**의 /eɪ/	악기, 혹은 낮은 목소리
d<u>ese</u>rt	첫 음절 강세	풀이 거의 자라지 않는 메마른 땅
d<u>ese</u>rt	두 번째 음절 강세	비우다, 버리다
d<u>o</u>ve	**fun**의 /ə/	비둘기
d<u>o</u>ve	**boat**의 /oʊ/	**dive**의 과거 형태
l<u>ea</u>d	**meet**의 /i/	인도하다
l<u>ea</u>d	**get**의 /ɛ/	납
m<u>i</u>nute	**sit**의 /ɪ/ 첫 음절 강세	분
m<u>i</u>nute	**time**의 /aɪ/ 두 번째 음절 강세	아주 작은

Polish polish	boat의 /oʊ/ father의 /ɑ/	(형) 폴란드의 표면을 빛나게 하다
refuse refuse	두 번째 음절 강세 첫 음절 강세	(동) 부인하다, 거절하다 (명) 쓰레기
resume resume	마지막 e 묵음(두 번째 음절 강세) 마지막 e는 take의 /eɪ/(첫 음절 강세)	잠시 쉬었다가 다시 시작하다 이력서
tear tear	care와 같은 운 here와 같은 운	찢다, 억지로 떼어놓다 눈물
wind wind	sit의 /ɪ/ time의 /aɪ/	바람 굽이치다, 감다
wound wound	food의 /u/ house의 /aʊ/	상처, 특히 피부가 베이거나 찢긴 상처 wind의 과거 형태

Two Correct Pronunciations

둘 다 맞는 발음

아래 표의 단어들은 발음하는 방식이 두 가지입니다. 두 가지 다 가능합니다.

1. either	ei가 meet의 /i/ ei가 time의 /aɪ/	(미국식 영어에서 더 많이 쓰인다.) (영국식 영어)
2. neither	ei가 meet의 /i/ ei가 time의 /aɪ/	(미국식 영어에서 더 많이 쓰인다.) (영국식 영어)
3. data	a가 take의 /ei/ a가 fat의 /æ/	(더 많이 쓰인다.) (덜 쓰인다.)
4. aunt	a가 fat의 /æ/ a가 father의 /ɑ/	(더 많이 쓰인다.) (덜 쓰인다.)
5. apricot	a가 take의 /ei/ a가 fat의 /æ/	(더 많이 쓰인다.) (덜 쓰인다.)

Words with Dropped Syllables

탈락된 음절이 있는 단어

다음 단어들을 발음할 때에, 모든 음절을 다 발음하지 마세요. "**choc-o-late**"이라고 세 음절 모두 발음하지 말고, "**choc-late**"이라고 두 음절만 발음하세요. "**brocc-o-li**"라고 발음하지 말고, "**brocc-li**"라고 하세요. 이런 단어들에서는 중간의 모음 중에 하나가 사라져버립니다. 아래에 음절이 탈락되는 단어로 가장 많이 쓰이는 단어들을 모았습니다.

1. actually	10. family	19. interesting	28. practically
2. aspirin	11. generally	20. laboratory	29. preference
3. average	12. broccoli	21. liberal	30. several
4. basically	13. business	22. opera	31. temperature
5. beverage	14. camera	23. comfortable	32. theory
6. different	15. catholic	24. coverage	33. vegetable
7. extraordinary	16. chocolate	25. desperate	
8. evening	17. favorite	26. diamond	
9. every	18. interest	27. diaper	

Words with Silent Letters

발음되지 않는 철자가 있는 단어

아래 표는 발음되지 않는 철자가 들어있는 단어 가운데 흔하게 쓰이는 단어들을 모았습니다.

묵음 *b*	bomb, crumb, climb, comb, debt, doubt, dumb, lamb, limb, numb, plumber, subtle, thumb, tomb
묵음 *c*	indict, muscle
묵음 *ch*	yacht
묵음 *d*	adjective, adjust, handsome, Wednesday
묵음 *g*	align, assign, benign, campaign, champagne, design, diaphragm, foreign, reign, resign, sign

묵음 *gh*	bright, bought, caught, drought, fight, fought, height, high, light, night, weigh, weight
묵음 *h*	ghost, heir, honest, hour, honor, herb, vehicle, exhibit
묵음 *k*	knee, knife, know, knot
묵음 *l*	calm, chalk, could, folk, half, Lincoln, psalm, salmon, should, talk, walk, would
묵음 *n*	hymn, autumn, column
묵음 *p*	cupboard, psychology, pneumonia, psychic, psalm, receipt
묵음 *s*	aisle, Arkansas, debris, Illinois, island
묵음 *t*	ballet, bouquet, buffet, castle, Chevrolet, Christmas, fasten, listen, mortgage, often, whistle, fillet, gourmet, debut, soften, rapport
묵음 *th*	asthma, months,* clothes*
묵음 *w*	answer, sword, toward

*미국인들은 이러한 단어를 발음할 때 **th**소리를 약하게 발음하곤 합니다. 그러나 대부분의 사람들은 그냥 그 발음을 안 해버립니다.

Homophones

동음이의어

동음이의어는 발음은 같지만 철자와 의미가 다른 단어들입니다. 두 번째나 세 번째 나온 단어들은 처음에 나온 단어와 다르더라도 똑같이 발음됩니다.

1. Adam–atom
2. air–err–heir
3. aloud–allowed
4. altar–alter
5. ant–aunt
6. ate–eight
7. band–banned
8. bare–bear
9. base–bass
10. be–bee
11. beat–beet

12. berry–bury
13. billed–build
14. blew–blue
15. board–bored
16. brake–break
17. buy–by–bye
18. caller–collar
19. cell–sell
20. cent–sent–scent
21. chili–chilly–Chile
22. chews–choose

23. cite–site–sight
24. close–clothes
25. core–corps
26. course–coarse
27. dear–deer
28. die–dye
29. do–due–dew
30. finish–Finnish
31. feudal–futile
32. flea–flee
33. flew–flu

34. flower–flour
35. for–four
36. Greece–grease
37. guest–guessed
38. gym–Jim
39. heal–heel–he'll
40. hear–here
41. heard–herd
42. him–hymn
43. hire–higher
44. hole–whole
45. I–eye
46. I'll–isle–aisle
47. in–inn
48. know–no
49. lessen–lesson
50. maid–made
51. mail–male
52. meat–meet
53. metal–medal
54. new–knew
55. nose–knows

56. not–knot
57. nun–none
58. oh–owe
59. one–won
60. our–hour
61. pail–pale
62. pair–pare
63. past–passed
64. peace–piece
65. principal–principle
66. profit–prophet
67. rain–rein–reign
68. red–read
69. right–write
70. ring–wring
71. road–rode–rowed
72. roll–role
73. root–route
74. sail–sale
75. sea–see
76. seam–seem
77. seas–sees–seize

78. seen–scene
79. seller–cellar
80. side–sighed
81. so–sow–sew
82. some–sum
83. son–sun
84. stair–stare
85. steal–steel
86. sweet–suite
87. tail–tale
88. there–their–they're
89. tie–Thai
90. to–too–two
91. tow–toe
92. wait–weight
93. way–weigh
94. weak–week
95. wear–where
96. weather–whether
97. wheel–we'll
98. wore–war
99. worn–warn

APPENDIX

NATIVE LANGUAGE GUIDE FOR KOREAN SPEAKERS

한국어 사용자들을 위한 발음 학습 가이드

APPENDIX

NATIVE LANGUAGE GUIDE FOR KOREAN SPEAKERS

한국어 사용자들을 위한 발음 학습 가이드

책의 전체 내용을 공부하세요. 하지만 또한 아래에 개괄적으로 제시된 주제에도 특히 주의해야 합니다. 다음 내용들은 영어를 말하는 한국어 사용자들이 흔히 어려워하는 부분입니다.

역주: "Native Language Guide"는 이 책의 저자가 세계 여러나라에서 온 학생들을 가르치면서 각국의 학생들이 주로 어떤 발음을 어려워하고 많이 틀리는지를 연구하고, 그것을 바탕으로 가이드를 제시한 것이다. 총 13개국의 학생들을 위한 가이드가 있지만 이 책에는 한국어 사용자들을 위한 가이드만 수록하였다.

Consonants

자음

Confusing /r/ and /l/

/r/과 /l/소리를 혼동하지 마세요.

이 두 자음 소리의 차이를 배우기 위해서는 3장을 공부하세요. 그리고 4장에서 /r/과 /l/의 발음 연습을 모두 해보세요. 특히 /r/과 /l/이 서로 가깝게 있을 때 조심하세요. ent_ir_ely, ra_r_ely, ba_r_ely 등과 같은 경우를 말합니다.

Pronouncing Both /n/ and /l/

/n/+/l/은 두 소리를 모두 발음해야 합니다.

/n/과 /l/소리는 모두 비슷한 혀 위치에서 나기 때문에, 한국 사람들은 이 두 자음이 연달아 올 때 하나로 발음해 버리려는 경향이 있습니다. 다음 단어에서 두 개의 자음 소리를 모두 확실하게 발음해야 합니다.

un_l_ess   on_l_y   sudden_l_y   main_l_y

The /w/ Sound

/w/소리를 분명하게 발음하세요.

4장에서 /w/소리를 다룬 부분을 다시 한 번 살펴보세요. 이 소리를 낼 때는 공기가 터져 나와야 하며, 성대의 떨림이 있어야 합니다. "I us"라고 하지 말고, "I was"라고 하세요. 단어 중간에 나오는 /w/소리와 qu로 시작하는 단어에도 특히 주의하세요. question의 qu는 /kw/소리가 납니다. "/kes/+tion"이라고 하지 말고, "/kwes/+tion"이라고 하세요. 아래 /w/발음이 잘 안 되는 단어들을 모았습니다.

1.	twelve	5.	someone(one = "won")	9.	somewhere
2.	forward	6.	always	10.	overwhelmed
3.	question	7.	would	11.	quiet
4.	quit	8.	inquire	12.	language(u = /w/)

Confusing /b/ and /v/

/b/와 /v/소리를 혼동하지 마세요.

4장을 다시 한 번 살펴보세요. /b/소리는 입술이 완전히 닫혀야 하고 공기가 새어 나와서는 안 됩니다. 그에 반해서 /v/소리는 아랫입술만 사용합니다. 아랫입술이 윗니에 닿으면서 공기를 진동시켜 떨리는 소리를 냅니다. 특히 /b/와 /v/소리가 모두 들어 있는 단어를 발음할 때나 이 두 소리가 다음과 같이 가깝게 붙어 있는 경우에는 더 신경을 써주세요. **B**ever**l**y, No**v**em**b**er, **v**i**b**rate, a**v**aila**b**le, I'**v**e **b**een, **v**ery **b**ig 등.

Confusing /p/ and /f/

/p/와 /f/소리를 혼동하지 마세요.

/f/소리는 한국어에 없기 때문에, 한국 사람들은 /f/소리를 입술을 포개서 /p/소리로 내는 경향이 있습니다. 이러한 실수는 /v/와 /b/소리를 혼동하는 것과 유사한 경우로, 두 입술을 다 써서 소리를 내느냐 아랫입술만 써서 소리를 내느냐에 집중을 하는 것이 필요합니다. 특히 /p/와 /f/가 모두 들어 있는 단어를 조심하고, 두 소리가 가깝게 붙어 있는 경우에도 특히 조심하세요. **p**er**f**ect, **p**er**f**orm, **p**uf**f**y, hel**pf**ul, **f**ull **p**age, cu**p** of cof**f**ee 등

Word Contrasts for Practice

아래 각 쌍의 단어를 다르게 발음해야 하는 것을 명심하세요.

/p/	/f/
1. pore	for
2. pup	puff
3. cups	cuffs
4. plight	flight
5. a pair	a fair
6. praise	phrase

Practice Sentences

다음 주어진 문장의 밑줄 친 부분의 철자에 유의하여 읽어보세요.

1. That's a perfect performance.
   그것은 완벽한 공연이다.

2. I will pay up front for the fans.
   나는 팬들을 위해서 선불로 낼 것이다.

3. I prefer to have coffee before five pm.
   나는 오후 다섯 시 전에 커피를 마시는 것을 더 좋아한다.

4. Do you feel that I improved my French?
   제 불어 실력이 좀 나아진 것 같다고 생각하세요?

Confusing /z/ and /dʒ/

/z/와 /dʒ/소리를 혼동하지 마세요.

다음 단어는 모두 /z/소리가 납니다. 그러나 한국 사람들은 이 단어들은 보통 /dʒ/소리로 잘못 발음합니다. 이 소리의 정확한 발음을 위해서는, 정확한 혀의 위치를 다룬 4장을 다시 한 번 살펴보세요.

disease	zoo	business	transition
physician	thousand	desire	result
design	busy	exaggerate*	exist*

*exaggerate와 exist의 x는 /gz/로 발음됩니다.

Word Contrasts for Practice

아래 각 쌍의 단어를 다르게 발음해야 하는 것을 명심하세요.

/dʒ/	/z/
1. Jew	zoo
2. budging	buzzing
3. jealous	zealous
4. range	rains

Confusing /ʒ/ and /dʒ/

/ʒ/와 /dʒ/소리를 혼동하지 마세요.

/ʒ/(beige에서 나는 소리)와 /dʒ/(orange에서 나는 소리)소리는 모두 유성음입니다. 이 두 자음을 혼동하는 것을 바로 잡는 가장 쉬운 방법은 이 두 자음 소리의 짝이 되는 무성음을 발음해 보는 것입니다. 먼저 shoes의 sh소리를 내면서 성대에 진동을 더해주세요. 그러면 /ʒ/소리가 나는 것입니다. 이제 choose의 ch소리를 내보세요. 그 소리에 성대를 울려서 유성음을 만들면 바로 /dʒ/소리가 납니다. 그러므로 여러분이 shoes와 choose를 각각 구별하여 다르게 발음할 수 있다면, massage(/ʒ/)와 message(/dʒ/) 소리 역시 다르게 발음할 수 있습니다. 아래에 /ʒ/소리가 나는 흔히 쓰이는 단어 몇 개를 소개합니다.

usual	beige	Asian	garage
prestige	vision	occasion	regime

The *th* sound

th 발음에 주의하세요.

이 소리의 정확한 발음을 익히기 위해서는 3장과 4장을 다시 살펴보세요. 한국 사람들이 이 발음을 할 때 자주 하는 실수는 th를 /t/소리 혹은 /d/소리로 내는 것입니다.

흔히 하는 실수	옳은 발음
"tank"	"thank"
"dose"	"those"
"mudder"	"mother"

Vowels

모음

미국 영어의 모음 발음을 모두 상세히 공부하시는 것이 좋습니다(1장과 2장을 보세요). 그러나 다음 강조하는 모음 발음에 특별히 주의하기 바랍니다.

Confusing /æ/ and /ɛ/

/æ/와 /ɛ/소리를 혼동하지 마세요.

bad의 /æ/와 **bed**의 /ɛ/소리는 한국 사람들이 자주 혼동하는 모음입니다. 이와 관련된 설명과 연습을 위해서는 1장과 2장을 보세요.

Word Contrasts for Practice

아래 각 쌍의 단어를 다르게 발음해야 하는 것을 명심하세요.

/æ/	/ɛ/
1. fl<u>a</u>sh	fl<u>e</u>sh
2. m<u>a</u>n	m<u>e</u>n
3. s<u>a</u>lary	c<u>e</u>lery
4. <u>a</u>xe	<u>e</u>x
5. t<u>a</u>xes	T<u>e</u>xas
6. s<u>a</u>nd	s<u>e</u>nd

The /ɔ/ Sound

/ɔ/소리에 주의하세요.

여러분 한국 사람들이 발음하는 **saw**의 /ɔ/소리는 아주 다른 영국식 발음에 영향을 받지 않도록 해야 합니다. 영국식 영어에서는 **pause**가 거의 "pose/poʊz/"처럼 발음됩니다. 그러나 미국 영어에서는 /pɑz/라는 소리에 가깝게 들립니다. **father**나 **watch**의 /ɑ/소리에 가깝습니다.

Word Contrasts for Practice

아래 각 쌍의 단어를 다르게 발음해야 하는 것을 명심하세요.

/oʊ/	/ɔ/
1. low	law
2. boat	bought
3. coat	caught
4. woke	walk

Syllable Stress

음절 강세

한국 사람들은 단어의 첫 음절에 강세를 주는 경향이 있습니다. 음절 강세에 관해 5장을 다시 한 번 살펴보세요. 좀 더 긴 단어들을 발음하면서 올바른 음절에 강세를 주고 있는지 확인해 보세요. 첫 음절이 강세를 받는다고 섣불리 짐작하지 마십시오.

흔히 하는 실수	옳은 발음
1. "**spe**cific"	"spe**cif**ic"
2. "**sta**tistics"	"sta**tis**tics"
3. "**com**petition"	"compe**ti**tion"
4. "**fa**miliar"	"fa**mil**iar"
5. "**se**cure"	"se**cure**"
6. "**when**ever"	"when**ev**er"
7. "**pro**fession"	"pro**fes**sion"
8. "**con**sultant"	"con**sul**tant"

Word Stress

단어 강세

한국 사람들은 단어의 첫 번째 음절에 강세를 주는 경향이 있는 것처럼, 각 문장의 첫 단어에 강세를 두는 경향이 있습니다. 이 패턴에서 벗어날 수 있도록 노력해 보세요. 6장과 7장에서 강조한 단어의 강세 규칙을 연습하세요.

흔히 하는 실수	옳은 발음
1. "**I** agree."	"I **agree**."
"나는 동의합니다"	
2. "**My** name is..."	"My **name** is..."
"내 이름은..."	